Walter Schimana

Mini-Teiche

auf Balkon und Terrasse

Tolle Ideen für pfiffig gestaltete Schalen, Tröge, Wannen…

Mit Farbfotos von Friedrich Strauß sowie anderen bekannten Garten- und Pflanzenfotografen
Zeichnungen: Renate Holzner

GU GRÄFE UND UNZER

Die Miniatur-Wasserwelt
Ein Wort zuvor

Wer keinen Garten hat, in dem sich ein Teich anlegen läßt, muß deshalb keineswegs auf das Naturerlebnis Wassergarten verzichten. Mit schön bepflanzten Mini-Teichen lassen sich auch Balkons und Terrassen lebendig und abwechslungsreich gestalten. So können Sie auch dort die beruhigende Wirkung einer Wasserfläche genießen.
Walter Schimana, Wasserpflanzengärtner mit jahrzehntelanger Erfahrung in der Anlage und Gestaltung von Wassergärten, zeigt Ihnen in diesem GU Ratgeber, wie Sie den Mini-Teich richtig anlegen, bepflanzen und pflegen. Er gibt Ratschläge und Tips, wie sich Ihre speziellen Wünsche und Vorstellungen realisieren lassen. Sie erfahren genau, wie Sie Schalen, Kübel und Tröge attraktiv bepflanzen und miteinander kombinieren sowie dekorativ ergänzen können, und erhalten Anregungen zur Gestaltung beschaulicher Sitzplätze. Stimmungsvolle Fotos zeigen zahlreiche Gestaltungsbeispiele, präzise Anleitungen erläutern Selbstbau, Einrichtung, Pflege und Überwintern des Mini-Teichs.
Viel Freude und Erfolg beim Anlegen und Gestalten Ihres Mini-Teichs wünschen Ihnen der Autor und die GU Naturbuch-Redaktion.

Inhaltsübersicht

Mini-Teiche mit Tannenwedel und Teichsimse.

Flachwasserseerose

Schwertlilie

Der Autor

Walter Schimana führt seit über 30 Jahren einen Gartenbetrieb mit den Schwerpunkten Stauden, Wasserpflanzen und Teichbau. Er ist Autor einiger Sachbücher zum Thema Stauden und Wassergärten sowie seit 1980 Referent für Staudenverwendung, Wasserpflanzen und Wassergärten an der »Bildungsstätte des Deutschen Gartenbaus«.

Die Fotografen

Friedrich Strauß ist Diplom-Gartenbauingenieur. Seine gärtnerische Ausbildung ergänzte er mit dem Studium der Kunstgeschichte. Seit vielen Jahren fotografiert er für renommierte Gartenfachzeitschriften und Buchverlage. Weitere Fotos stammen von anderen bekannten Pflanzen-Fotografen (Nachweis, Seite 62).

Die Zeichnerin

Renate Holzner arbeitet als freie Illustratorin und Grafikerin für renommierte Verlage und Agenturen. Ihr Repertoire reicht von Strichzeichnungen über fotorealistische Illustrationen bis hin zur Computergrafik.

Wichtig: Damit die Freude an Ihrem Mini-Teich nicht getrübt wird, beachten Sie bitte »Warnung und Hinweis« auf Seite 63.

Anlegen und pflanzen

Wasser und faszinierende Wasserpflanzen können Balkon und Terrasse verzaubern. In einem Mini-Teich läßt sich auch hier ein Stück Natur verwirklichen. Damit dies gelingt, sollten seine Anlage genau geplant, die Standortbedingungen eingehend geprüft und die Auswahl der Pflanzen für dieses Klein-Biotop sorgfältig getroffen werden.

Foto oben: Terracottaschale mit Wassersalat und Fieberklee.
Foto links: Auf die Zusammenstellung kommt es an: Blutweiderich, Zypergras, Schwertlilie, Bambus und Hahnenfuß lassen sich gut kombinieren.

Kleines Wasserparadies am Haus

Balkons, Loggien oder Terrassen sind die Erweiterung der Wohnräume nach außen und heben den Wohnwert, wenn sie zum Verweilen einladen. Wurde früher in der Regel der Balkonraum durch den obligaten Blumenkasten am Geländer oder an der Brüstung begrenzt, so ist heute bei der Gestaltung dieser Freiflächen mehr Vielfalt gefragt. Pflanzentröge oder Kübel mit Sträuchern und kleinen Bäumen, blühenden Stauden oder Kletterpflanzen haben Balkons und Terrassen in grüne Oasen verwandelt – dem Ideenreichtum bei der Bepflanzung sind kaum Grenzen gesetzt.
Wie sich seit langem im Garten Wasser – in Form eines Gartenteichs oder Bachlaufs – größter Beliebtheit erfreut, so gewinnt dieses gärtnerische Gestaltungselement auch bei der Bepflanzung von Freiräumen am Haus zunehmend an Bedeutung. So muß der Hobbygärtner – auch wenn er keinen Garten hat – nicht auf den Traum vom blühenden Wassergarten verzichten. Dieser läßt sich durchaus auch auf kleinem, ja sogar kleinstem Raum realisieren.
Natürlich hat man es bei der Anlage von Wasserflächen und deren Bepflanzung in diesen Bereichen mit etwas anderen Bedingungen als im Garten zu tun, und nur eine gründliche Abklärung aller sich stellenden Fragen kann letztlich zum Erfolg und erhofften Ergebnis führen.

Was ist ein Miniatur-Teich?

Wie der Namen schon sagt, handelt es sich um eine Pflanzung auf engem bis engstem Raum, in der Wasser das vorherrschende Element darstellt. Für diesen Zweck muß das Wasser in Gefäßen gefaßt werden. So ist der Mini-Wassergarten mal nur ein kleiner Behälter – wie zum Beispiel eine Schale oder auch ein Blumenkasten –, in dem sich eine einzelne Pflanze im Laufe des Jahres zu ihrer vollen Schönheit entfaltet. Er kann aber auch aus einer Gruppierung mehrerer, unterschiedlich großer und verschiedener Tröge bestehen, die sich miteinander kombinieren lassen (→ Seite 46). Besonders ansprechend wirkt eine Mini-Landschaft mit Wasserfläche, Wasserpflanzen und umgebender Bepflanzung. Diese läßt sich natürlich nicht mehr in kleineren Gefäßen, sondern nur in großen Trögen verwirklichen (→ Seite 36/37).

Gestalten mit Mini-Teichen

Auf dem Balkon, der Dachterrasse oder der Loggia eignet sich ein Mini-Teich für verschiedene Gestaltungsaufgaben. Dies gilt besonders in Verbindung mit anderen Pflanzen, die ebenfalls in Kübeln oder Trögen stehen.
Sträucher oder kleine Bäume in Kübeln können den Sicht- und Windschutz übernehmen. Davor oder dazwischen stehen einige Mini-Teiche. Als zusätzliche Farbtupfer bieten sich Blumenschalen an. Bei entsprechender Anordnung lassen sich auf diese Weise auch große Dachterrassen oder größere Balkons in kleinere und intimere Bereiche aufteilen. Mini-Wassergärten auf Brüstungen ergeben in Verbindung mit anderen Trogpflanzen, wie Stauden, Kleingehölzen oder Sommerblumen, das ganze Jahr über eine abwechslungsreiche Pflanz-Zusammenstellung.

Zeitplan und Standortwahl

Wer sich für die Anlage eines Mini-Teichs entschieden hat, sollte sich ausreichend Zeit für eine exakte Planung nehmen. Wasser- und Sumpfpflanzen werden im Fachhandel und in Spezialgärtnereien in Containern gezogen. Das hat den Vorteil, daß sie während der ganzen Vegetationsperiode einge-

Ein Mini-Wassergarten kann aus einer Gruppierung verschieden großer Tröge bestehen.

pflanzt werden können und im Mini-Wassergarten ohne Probleme anwachsen und gut gedeihen. Sie müssen sich also mit der Einrichtung und Bepflanzung des Mini-Teichs nicht unbedingt an einen festen Zeitpunkt halten, es empfiehlt sich jedoch, mit der Planung und Vorbereitung bereits im Winter zu beginnen.
Dazu gehört auch die sorgfältige Auswahl des künftigen Standorts und dessen Beobachtung über einige Wochen hinweg: Wie ist dort der Lichteinfall bzw. die Sonneneinstrahlung? Wie sind die Wind- und Temperaturverhältnisse? (→ Seite 9). So können ein evt. nötiger Sonnen- oder Windschutz von vorneherein eingeplant und die Auswahl der Pflanzen den Standortbedingungen entsprechend festgelegt werden.
Ab Ende April sind die Temperaturen auf Balkon und Terrasse dann schon so günstig, daß frisch gesetzte Pflanzen zügig weiterwachsen. Spätestens Ende Juni sollte die Planung beendet sein, damit Sie das volle Pflanzenangebot ausschöpfen können und alles noch gut anwächst.

Bauliche Gegebenheiten

Bei der Planung für eine Mini-Wasserlandschaft auf Balkon und Dachterrasse müssen unbedingt deren Tragfähigkeit und Entwässerung geprüft werden. Bei Dachterrassen fließt das Wasser über einen Gully durch in der Hauswand liegende Rohre ab. Die Balkonentwässerung erfolgt in der Regel über ein Gefälle in eine Regenrinne oder durch einen Wasserspeier. Beide Abläufe sollten jedoch mehrmals im Jahr kontrolliert und gereinigt werden.

Tragfähigkeit

Prinzipiell ist zu bedenken, daß die Belastung dieser Standorte durch mehrere und größere Pflanztröge in der Statik eines Gebäudes nicht berücksichtigt sind. Ganz allgemein läßt sich sagen, daß in der Nähe der Außenwände kaum eine Gewichtsbegrenzung zu erwarten ist. Bei einer großen Dachterrasse, die durch Mini-Teiche und andere Pflanzkübel unterteilt werden soll, sollten Sie sich vergewissern, daß sich unter den Stellflächen oder in deren Nähe tragende Wände befinden. Da selbst Baupläne darüber nicht immer zuverlässig Auskunft geben, ist es zu empfehlen, hier direkt beim Architekten oder Statiker genaue Auskunft einzuholen.

Bei schweren Trögen muß der Untergrund geprüft werden.

Bei freitragenden Balkons, die an der Vorderseite keine Abstützung haben, sollten nach Möglichkeit im vorderen Bereich keine größeren Tröge aufgestellt werden. In der Nähe der Außenwand gibt es in der Regel keine Probleme.

Gewichtsberechnung

Damit der Architekt oder Statiker auch gezielt Auskunft geben kann, benötigt er natürlich Planunterlagen des Gebäudes (bei Dachterrassen den Grundriß der Dachterrassenwohnung und der Wohnung darunter). Zur Berechnung des zu erwartenden Gewichts hier eine kleine Erfahrungssregel, die sich recht gut bewährt hat: Das Eigengewicht des Gefäßes oder Troges plus dessen Inhalt in Litern mal 1,7 Kilogramm. Bei diesem Ansatz liegen Sie immer im sicheren Bereich, da ein Liter Wasser ja nur ein Kilogramm wiegt und somit schwerere Substratanteile – wie zum Beispiel Sand mit 1,75 Kilogramm je Liter – in jedem Fall ausgleichen kann.

Brüstungen und Geländer

Da sich in größeren Blumenkästen ab 15 cm Höhe und 20 cm Breite sowie beliebiger Länge ebenfalls sehr gut ein Mini-Teich einrichten läßt, können die Kästen auf oder an der Brüstung oder dem Geländer angebracht werden. Allgemein gilt die Vorschrift, Blumenkästen (in oberen Stockwerken) auf der Innenseite des Balkons zu befestigen.

Rechtliche Fragen

Grundsätzlich dürfte es mit der Einrichtung von Mini-Teichen auf Balkon und Terrasse keine Schwierigkeiten geben, wenn die Aufstellung von anderen Pflanztrögen erlaubt ist. In Mietwohnungen müssen fest gemauerte Mini-Teiche und Wasseranschlüsse auf dem Balkon und der Terrasse vom Vermieter genehmigt werden. Bei Eigentumswohnungen ist die Genehmigung der Eigentümergemeinschaft einzuholen. Das Risiko von Wasserschäden ist relativ gering. Wenn es zu Pannen kommt, ist der Trog meist undicht und verliert das Wasser zwar stetig, jedoch langsam, was ein vorschriftsmäßiger Abfluß ohne weiteres bewältigen kann. Es empfiehlt sich jedoch in jedem Fall eine Abklärung durch Ihre Haftpflichtversicherung.

Standortbedingungen

Damit die Pflanzen gut gedeihen, müssen alle wichtigen Wachstumsfaktoren wie Wasser, saubere Luft und Licht ausreichend vorhanden sein.
Wasser: Dem Mini-Teich wird bei Sonne und Wind durch Verdunstung an der Wasseroberfläche viel Wasser entzogen. Im Sommer (vor allem an heißen Tagen) muß deshalb regelmäßig Wasser nachgefüllt werden (→ Seite 50). Bei kleineren Gefäßen läßt sich dies – im Zuge des täglichen Blumengießens – mit der Gießkanne erledigen. Für die Wasserversorgung mehrerer größerer Tröge sollte möglichst ein Wasserhahn mit Schlauchanschluß in der Nähe sein, damit das Nachfüllen leichter ist.
Licht: ist mit der wichtigste Wachstumsfaktor. Der Standort für den Mini-Teich sollte deshalb täglich sechs bis acht Stunden von der Sonne bestrahlt werden. Natürlich gibt es auch Wasser- und Feuchtpflanzen, die mit weniger Sonne auskommen (→ Tabellen Seiten 14/15 und 18/19); prinzipiell ist jedoch ein heller Standort zu wählen. Nordbalkons mit wenig Sonneneinstrahlung eignen sich also kaum als Standplatz.
Temperatur: Mini-Wassergärten auf Balkon und Terrasse sind – bedingt durch den exponierten Standort – stark den täglichen und jahreszeitlichen Temperaturunterschieden ausgesetzt. Die täglichen Schwankungen werden von den Pflanzen gut vertragen. Ist der Wasserstand ausreichend hoch, nehmen die Pflanzen selbst bei Temperaturen um die 30 °C in voller Sonne keinen Schaden. Frost im Herbst, Winter und Frühjahr bereitet bei guter Vorbereitung zur Überwinterung (→ Seiten 54/55) den meisten einheimischen Wasser- und Sumpfpflanzen keine Probleme. Fremdländische, frostempfindliche Arten müssen allerdings frostfrei überwintern, damit sie nicht eingehen.
Stromversorgung: Beleuchtungen und Wasserbewegung sind beliebte Ergänzungen im Miniatur-Wassergarten und setzen einen Stromanschluß auf dem Balkon oder der Terrasse voraus. Die Verbindung Wasser-Elektrizität verlangt allerdings einen besonderen Schutz und zwar in Form eines Fehlerstrom-Schutzschalters (FI- Schalter genannt) → Seiten 42/43.
Transport der Gefäße: Wie groß eine Mini-Teich-Anlage werden kann, hängt auch ganz entscheidend von den Möglichkeiten ab, schwere und große Tröge an den Standort zu bringen. Bei einer mittleren Größe reicht das Vorhandensein eines Lifts aus, wenn der Zugang zu Balkon oder Terrasse von der Wohnung aus möglich ist.

Checkliste

Zeitplan: Läßt sich die Anlage des Mini-Teichs bis Ende Juni realisieren?
Statik: Bei größeren Trögen beim Architekten oder Statiker nachfragen, Baupläne einsehen.
Rechtsfragen (für Mieter oder Besitzer einer Eigentumswohnung): Ist die Aufstellung von größeren Pflanztrögen erlaubt (Mietvertrag oder Hausordnung) ? Für festinstallierte Mini-Teiche (in der Regel nur bei Eigentumswohnungen möglich) muß die Genehmigung der Eigentümergemeinschaft eingeholt werden.
Licht: Sind die Lichtverhältnisse am Standort für Wasser- und Feuchtpflanzen ausreichend (mindestens sechs Stunden Sonnenschein pro Tag für Seerosen!)?
Wasser: Ist die regelmäßige Wasserversorgung gesichert und problemlos möglich?
Sonnen- und Windschutz: Muß bei der Anlage ein Sonnen- oder Windschutz eingeplant werden?
Überwinterung: Steht für frostempfindliche Arten ein heller, kühler, aber frostfreier Raum zur Verfügung oder müssen die Pflanzen im Freien überwintern (Pflanzenauswahl entsprechend treffen).
Stromversorgung: Verfügt der Standort über einen Stromanschluß und ist dieser entsprechend gesichert?
Transport: Bestehen Wege und Möglichkeiten, schwere Tröge auf den Balkon oder die Dachterrasse zu bringen (Lift, Zugang zur Terrasse von der Wohnung aus)?

Gefäße im Überblick

Mit kleineren Gefäßen ist man in der Anlage und Gestaltung flexibler, sie eignen sich vornehmlich für den kleineren Balkon oder die Loggia. Für größere, schwerere und somit auch in der Regel immobile Tröge bietet meist nur ein großer Balkon oder eine Dachterrasse den entsprechenden Platz. Gefäße für den Mini-Teich sind in den verschiedensten Materialien erhältlich.
Holz ist besonders beliebt – die ersten Miniatur-Wassergärten wurden in England meist in halbierten Whiskyfässern angelegt. Sie bestehen aus Eichenholz, sind dadurch sehr haltbar und langlebig. Leider sind sie nur noch selten zu bekommen. Aber auch andere Holzgefäße, wie Heringsfässer, Waschzuber oder große Blumenkübel, eignen sich, müssen jedoch aus haltbarem Holz sein und wasserdicht ausgekleidet werden. Holztröge können fertig montiert gekauft oder auch selbst nach eigenen Maßen und Bedarf gebaut werden (→ Seiten 40/41).
Wichtig: Verwenden Sie keine frisch imprägnierten Holzgefäße, da die Dämpfe den empfindlichen Wasserpflanzen sehr schaden können.
Steingut- oder Keramikschalen sehen sehr hübsch aus und lassen sich gut bepflanzen. Sie sind absolut wasserdicht, haben allerdings den Nachteil, daß sie leicht zu Bruch gehen sowie Frost und Eis nur schlecht standhalten können. Sie müssen deshalb im Winter frostfrei stehen. Steingut- und Keramikgefäße sind teuer (preiswerter ist Keramikware aus Asien), und so weicht der eine oder andere auf billigere Plastik-Imitationen aus. Das ist zwar nicht jedermanns Geschmack, läßt sich aber durch eine schöne und geschickte Bepflanzung gut kaschieren. Von Vorteil sind auch das leichtere Gewicht, die längere Haltbarkeit sowie Frostbeständigkeit.
Tonschalen oder -gefäße eignen sich nur dann für den Mini-Wassergarten, wenn sie wenigstens auf der Innenseite glasiert sind. Bei unglasiertem

Schalen und Gefäße aus Ton sind sehr hübsch, müssen aber innen glasiert sein.

Ton dringt das Wasser durch die Poren nach außen und geht somit stetig verloren. Zudem kühlt die dabei entstehende Verdunstungskälte das Gefäß stark ab. Dieses ist dadurch ständig feucht und anfällig für Verwitterungsschäden.
Bei Stein- und Betontrögen ergeben sich ab einer gewissen Größe Gewichtsprobleme – zum einen beim Transport, zum anderen im Hinblick auf die Tragfähigkeit des Standorts (→ Seite 8). Die Aufstellung mehrerer großer Gefäße bietet sich im Prinzip nur dann an, wenn entsprechender Platz vorhanden ist oder eine großräumige Bepflanzung sowie Gestaltung vom Architekten eingeplant ist und die Tröge von einer Baufirma aufgestellt werden.

Leichtbeton-Tröge lassen sich erheblich besser transportieren und bewegen, müssen jedoch meist mit einem wasserfesten Anstrich versehen werden.
Aus Naturstein, Ziegeln, Brettern, Balken oder Bahnschwellen können Tröge selbst gemauert oder gezimmert werden. Flache Becken lassen sich mit einem Rahmen umbauen, der dann bepflanzt wird.

In Wasserpflanzen- und Staudengärtnereien werden in der Regel 100 bis 150 verschiedene Arten angeboten. Dies sind vorwiegend winterharte Stauden, die entweder jedes Jahr oberirdisch absterben und im nächsten Frühjahr wieder austreiben oder wintergrün sind und das ganze Jahr über ein hübsches Bild zeigen. Die meisten ausdauernden Wasserpflanzen haben allerdings das Bedürfnis, sich stark auszubreiten, was bei der Pflanzdichte und der Gefäßgröße berücksichtigt werden sollte.
Bei der Auswahl der Pflanzen empfiehlt es sich, ebenso ihr winterliches Aussehen mit in Betracht zu ziehen, denn auch einige nicht wintergrüne Pflanzen behalten im Winter noch ihre zierenden Fruchtstände und Blätter. So sehen zum Beispiel Froschlöffel-Arten mit ihren sehr grazilen Fruchtständen im Rauhreif oder schneeverziert ausgesprochen hübsch aus. Aber auch die Fruchtkapseln der Iris-Arten und im Teich verbliebene Gräser beleben den winterlichen und etwas kahlen Wassergarten.

Unterwasserpflanzen

Sie wachsen vorwiegend unter Wasser, können aber Blüten und manchmal auch noch einige Hochblätter über oder bis an den Wasserspiegel schieben. Unterwasserpflanzen dürfen in keinem Wassergarten fehlen, denn sie wirken wasserreinigend, da sie viel Sauerstoff an das Wasser abgeben und im Wasser gelöste Nährstoffe aufnehmen. Einige von ihnen können allerdings durch starkes Wachstum lästig werden und sind daher nur bedingt oder in größeren Trögen zu verwenden (→ Tabelle Seite 14).

Schwimmblattpflanzen

Hier unterscheidet man zwei verschiedene Typen. Die einen wurzeln am Grund und schieben nur Blätter und Blüten zur Wasseroberfläche. Sie werden entweder auf dem Boden des Pflanzgefäßes ausgepflanzt oder im Pflanzkorb eingesetzt. Zu dieser Gruppe zählen zum Beispiel Seerosen. Andere Schwimmblattpflanzen schwimmen ebenfalls mit den Blättern an der Oberfläche, wurzeln jedoch nicht im Boden. Zu ihnen zählen der Froschbiß und die Wasserhyazinthe.

Flachwasserpflanzen

Die im Uferbereich natürlicher Teiche (von 5 – 50 cm Wassertiefe) wachsenden Stauden sind in ihren Ansprüchen sehr flexibel und können im Mini-Wassergarten bei flachem Wasser ab 5 bis 10 cm Tiefe auch noch gut gedeihen. Ist es naß genug, wachsen Flachwasserstauden selbst noch im oberen Ufer- oder Sumpfbereich, einige Zentimeter über dem Wasserspiegel. Allerdings gehören zu ihnen viele der auf Seite 16 erwähnten stark wuchernden Arten, die sich nur sehr eingeschränkt für den Mini-Teich eignen.

Sumpf – und Feuchtpflanzen

Wo schon sehr nasser Boden über dem Wasserspiegel ansteigt, beginnt der Sumpf. Die Pflanzen stehen nicht mehr völlig im Wasser, sondern Blattansatz und Wurzelhals liegen darüber. Nahezu alle Arten dieser Gruppe vertragen ein gelegentliches Überfluten, was aber nicht zur Regel werden sollte und im Mini-Teich auch praktisch nicht möglich ist. Hier kommt eher ab und an das Gegenteil vor, wenn die Wasserversorgung gestört ist und der Wasserspiegel zu tief absinkt. Solange aber die Wurzelspitzen noch Wasser erreichen, nehmen Sumpfpflanzen keinen ernsteren Schaden.
Feuchtpflanzen wachsen in Bereichen, die 10 bis 15 cm und mehr über dem Wasserspiegel liegen. Sie eignen sich vor allem für die Wanne-in-Wanne-Bepflanzung (→Seiten 36/37).

Seerose 'Perfecta'

Seekanne

Hechtkraut

Fieberklee

Schwertlilie

Seerose 'Lilacea'

Einzigartige Blütenschönheiten

Pflanzen, die in und am Wasser wachsen, gibt es in Hülle und Fülle. In ihrer Farbenpracht und reichen Formenvielfalt stehen sie im Mittelpunkt der Anlage und Gestaltung des Mini-Teichs. In der Tiefzone sind die Seerosen und andere Schwimmblattpflanzen zu Hause. In der Flachzone und am Ufer gedeihen die aufrecht wachsenden Wasser- und Feuchtpflanzen.

Schwimmblattpflanzen

Name	Blüte	Blatt	Standort	Wassertiefe Wuchhöhe	Bemerkungen
Zwergseerose *Nymphaea pygmaea* 'Graciella'	orange bis gelb Mai-Oktober	oben braun gefleckt	○	10-30 cm, sehr schwach	sehr gute Zwergsorte, auch für kleinste Gefäße geeignet
Gelbe Zwergseerose *Nymphaea pygmaea* 'Helvola'	gelber Stern Mai-Oktober	braun gefleckt	○	10-30 cm, sehr schwach	bildet kein Rhizom, nicht frosthart, frostfrei überwintern
Rote Zwergseerose *Nymphaea pygmaea* 'Rubra'	rosa bis rot Mai-Oktober	oben grün, unten rötlich	○	10-30 cm, schwach	frosthart, größte Pygmaeasorte
Weiße Zwergseerose *Nymphaea tetragona* 'Alba'	rein weiß Mai-Oktober	klein, grün	○	10-30 cm, sehr schwach	bildet kein Rhizom, kann sich selbst aussäen
Seerose 'Berthold' *Nymphaea* 'Berthold'	warmes Rosa Mai-Oktober	junge Blätter gefleckt	○	20-50 cm, schwach	gute, neue Sorte auch für kleinere Gefäße
Seerose *Nymphaea caroliniana* 'Perfecta'	rosa Stern Mai-Oktober	grün, groß 5-20cm	○	30-50 cm, schwach	den ganzen Tag reich blühend, liebt freien Stand
Seerose *Nymphaea* 'Chrysantha'	gelb-aprikose Mai-Oktober	stark braun gezeichnet	○	15-30 cm, schwach	sehr aparte Farbe, geeignet auch für kleine Gefäße
Seerose *Nymphaea laydekeri* 'Lilacaea'	lilarosa Mai-Oktober	braun gefleckt	○	20-50 cm, schwach	starker Rosenduft, sehr beliebt
Seerose *Nymphaea laydekeri* 'Purpurata'	karmesin Mai-Oktober	dunkelbraun gezeichnet	○	20-50 cm, schwach	bewährte Sorte, reichblühend
Seerose *Nymphaea* 'Moorei'	gelb Mai-Oktober	braun gepunktet	○	20-30 cm, schwach	sehr gesunde Sorte
Wasserähre *Aponogeton distachyos*	weiße Ähre Juni-Oktober	10 cm lang oval	○	10-40 cm, schwach	stark duftend, nicht frosthart, junge Sämlinge hell überwintern
Froschbiß *Hydrocharis morsus-ranae*	weiß Juli-August	rund, seerosenartig	○	10-40 cm, schwach	heimisch, schwimmt, Achselknospen überwintern am Grund
Seekanne *Nymphoides peltata*	gelb Juli-August	klein rund	○ – ◑	20-50 cm, Ausläufer	heimische Art, sehr vielseitig zu verwenden, robust
Wassersalat *Pistia stratiotes*	unscheinbar	bläulich bis hellgrün	○	15-20 cm	tropische Pflanze, frostfrei überwintern

Unterwasserpflanzen

Name	Blüte	Blatt	Standort	Wassertiefe Wuchhöhe	Bemerkungen
Hornblatt *Ceratophyllum demersum*	unscheinbar	quirlständig, nadelförmig	○ – ◑	10-100 cm, wurzellos	heimisch, gut wasserreinigend, als Kurztrieb überwinternd
Nadelkraut *Crassula recurva*	unscheinbar Juni-Juli	nadelförmig 1 cm	○ – ●	0-50 cm, sehr stark	Sauersoff spendend, starker Wuchs – bedingt verwendbar
Nadelsimse *Eleocharis acicularis*	unscheinbar Juni-September	dünn, grasartig	○ – ◑	0-70 cm, rasenartig	gut wasserreinigend, verträglich
Wasserhahnenfuß *Ranunculus aquatilis*	weiß Juni-Juli	fein gefiedert	○ – ◑	10-100 cm, mittelstark	heimische Art, bildet mit der Blüte dreilappige Schwimmblätter
Krebsschere *Stratiotes aloides*	weiß Juni-juli	lanzettlich, stachelig	○ – ●	20-50 cm, Rosetten	heimische Art, hebt sich zur Blüte über das Wasser
Wasserschlauch *Utricularia vulgaris*	gelb Juni-August	federartig	○	wurzellos, schwach	mit Fangbläschen für Kleinsttiere, nährstoffarmes, weiches Wasser

Flachwasserpflanzen

Name	Blüte	Blatt	Standort	Wassertiefe Wuchshöhe	Bemerkungen
Kalmus *Acorus calamus*	grüner Kolben Juni-Juli	schwertförmig	○	0-10 cm, 70 cm	Heilpflanze, Trieb und Blatt sind stark aromatisch duftend
Weißbunter Kalmus *Acorus calamus* 'Variegatus'	grüner Kolben Juni-Juli	breite, weiße Längsstreifen	○	0–10 cm, 70 cm	wächst etwas schwächer als die Art
Froschlöffel *Alisma plantago-aquatica*	weiß, filigran Juli-September	lanzettlich, langgestielt	○ – ◑	0-40 cm, 40/100 cm	versamt sich sehr stark, Fruchtstand im Winter zierend
Schmalblättriger Froschlöffel *Alisma lanceolata*	zart rosa Juni-August	schmal lanzettlich	○ – ◑	0-30 cm, 20/50 cm	schwacher Wuchs für kleinere Gefäße geeignet, zierend
Blumenbinse *Eutomus umbellatus*	rosa Dolden Juni-August	dreikantig, grasartig	○	10-50 cm, 60/100	heimische Art, Sorten 'Schneeweißchen' und 'Rosenrot'
Buntes Süßgras *Glyceria maxima* 'Variegata'	bräunlich Juli	schilfartig, weißgrün	○	0-40 cm, 100-120 cm	wuchert, mit etwas größerem Container einsetzen
Tannenwedel *Hippuris vulgalis*	unscheinbar Mai- August	nadelartig	○	10-40 cm, 30 cm	wuchert leicht, im Container setzen
Schwertlilie *Iris laevigata*	weiß, blau, rosa Juli	grasartig	○ – ◑	10 cm, 60/80 cm	Sorten: 'Alba' (weiß), 'Monstrosa' (weiß/blau), 'Rose Qeen' (rosa)
Fieberklee *Menyanthes trifoliata*	zartrosa Mai-Juni	dreiteilig, ledrig	○ – ◑	0-30 cm, 30 cm	heimische Art, kriechend
Papageienfeder *Myriophyllum aquaticum*	blüht nicht bei uns	fein gefiedert	○ – ◑	0-40 cm, 10-15 cm	frostfrei überwintern, wird über Wasser hellgrün und sehr üppig
Goldkolben *Orontium aquaticum*	gelber Kolben Mai-Juni	lanzettlich, blaugrün	○ – ◑	10-30 cm, 20 cm	bildet ab 25 cm Tiefe Schwimmblätter, frostfrei überwintern
Hechtkraut *Pontederia cordata*	blaue Ähren Juni-August	pfeilförmig, langgestielt	○	20-50 cm, 80/100 cm	im Container frostfrei überwintern
Gefülltes Pfeilkraut *Sagittaria latifolia* 'Plena'	weiße Ponpons Rispe, August	breit, groß pfeilförmig	○ – ◑	10-30 cm, 50/60 cm	frostfrei überwintern, wandert, im Container halten
Pfeilkraut *Sagittaria sagittifolia*	weiß, violett Juni-August	schmal-spitz, pfeilförmig	○ – ◑	10-30 cm, 30/40 cm	zierlich, wandert (Containerpflanzung), frostfrei überwintern
Streifensimse *Scirpus lacustris* 'Albescens'	braun Juli-August	rund, weiße Längsstreifen	○ – ◑	10-60 cm, 100-150 cm	sehr elegant, wächst schwächer als die Wildform
Zebrabinse *Scirpus lacustris tabernaemontani* 'Zebrinus'	braun Juli-August	rund, weiße Querstreifen	○ – ◑	10-30 cm, 80-120 cm	an den weißen Querstreifen knickt der Halm leicht ab
Laxmann-Rohrkolben *Typha laxmannii*	mausartig, braun Juli-September	grasartig, 0,5 cm breit	○	5-30 cm, 130-150 cm	etwas wuchsstark, wenn nötig im Container
Graubrauner Rohrkolben *Typha shuttleworthii*	graubraun, kurz Juli-September	grasartig, 1 cm breit	○	5-30 cm, 120 cm	nur bei sehr kleinen Gefäßen im Container halten
Sumpfschwertlilie *Iris pseudacorus*	goldgelb Juni-Juli	schwertartig	○	0-30 cm, 100/120 cm	einzeln einsetzen, jährlich umtopfen und teilen
Winterschachtelhalm *Equisetum hiemale* 'Robustum'	keine Blüte	runde Halme, wintergrün	○ – ◑	0-30 cm, 150cm	starkwüchsig, einzeln einsetzen, jährlich umtopfen, teilen
Zypergras *Cyperus longus*	grünlich Mai-Juni	grasartiger Blattquirl	○	10-30 cm, 100 cm	die langen Blätter des Blattquirls stehen auf 100 cm Höhe

○ = sonnig, ◑ = halbschattig, ● = schattig

Die verschiedenen Pflanzzonen werden unterschieden in: Ufer- oder Sumpfzone, Flachwasser oder Flachzone und Tiefzone. Die Höhenangaben in den Bepflanzungsbeispielen richten sich jeweils nach der Größe und Höhe des Pflanzgefäßes. Pflanztiefe und -dichte sowie besondere Ansprüche lassen sich auch den Pflanzenetiketten entnehmen oder vom Fachpersonal erfragen.
Hinweis: Folgende Arten eignen sich wegen ihrer starken Ausdehnung für den Mini-Teich nur für größere Tröge, in kleineren Gefäßen sollten sie allein eingepflanzt werden: Sumpfschwertlilie (Iris pseudacorus), Berle (Berula erecta), Zypergras (Cyperus longus), Wasserpest (Eleodea canadensis), Winterschachtelhalm (Equisetum hiemale), Schilf (Phragmites australis), Zungenhahnenfuß (Ranunculus lingua), Igelkolben (Sparganium erectum und Sparganium simplex), Rohrkolben (Typha angustifolium und Typha latifolia).

Blutweiderich

Gelbe Teichrose

Flatter-Binse

Sumpf-Vergißmeinnicht

Wasser-Hahnenfuß

Betrachtet man einen Teich in der Natur und dessen Ufer, lassen sich Pflanzen mit grundverschiedenen Ansprüchen am Standort erkennen. Auch bei der Pflanzung im Mini-Teich müssen die unterschiedlichen Bedürfnisse der Pflanzen bedacht werden, damit sie an ihrem Platz gut und vor allem auch lange gedeihen. Denn in die falsche Zone gesetzte Pflanzen verabschieden sich sehr rasch aus dem Mini-Wassergarten, und die Lücke muß neu geschlossen werden.

Tannenwedel

Kleiner Rohrkolben

Die verschiedenen Pflanzzonen im Miniatur-Wassergarten

Pfennigkraut

Sumpfpflanzen

Name	Blüte	Blatt	Standort	Wuchs	Bemerkungen
Breitblättriger Froschlöffel *Alisma subcordata*	zartrosa Juni-August	eiförmig, grün	○	horstig, 1,50 cm	sehr schönes breites Blatt
Igelschlauch *Baldelia ranuncoloides*	zartrosa, klein Juni-Oktober	spatelig, klein	○	horstig, 5/10 cm	reizvolle Uferstaude leichter Winterschutz
Sumpfkalla ☠ *Calla palustris*	weiß, Hochblatt April-Juli	herzförmig 10 cm	◑	kriechend, 15/25 cm	heimisch, schöner, roter Fruchtstand, Beeren giftig!
Sumpfdotterblume *Caltha palustris*	gelb April-Mai	rund, langgestielt	○ – ◑	horstig, 40 cm	länger blüht die gefüllte Sorte 'Multiplex'
Große Sumpfdotterblume *Caltha palustris* 'Thyermannii'	groß, gelb April-Juni	groß, rund	○ – ◑	niederliegend, 40 cm	niederliegende Triebe, die sich bewurzeln
Morgensternsegge *Carex gravi*	grün, stachelig Juli-August	schmal, gefaltet	○ – ◑	horstig, 40/50 cm	zwei morgensternartige Früchte je Halm
Sumpfwolfsmilch ☠ *Euphorbia palustris*	gelbe Dolde Mai-Juni	lanzettlich, Herbstfärbung	○ – ◑	horstig, 50 cm	gelbe Herbstfärbung bei roten Stielen. Milchsaft giftig!
Funkie *Hosta*-Hybride 'Golden Tiara'	purpurviolett Juli-August	lichtgrün, gelber Rand	○ – ●	horstig, 20/40 cm	andere Sorte: 'Halcyon' (blaulaubig)
Wassernabel *Hydrocotyle novae-zelandiae*	unscheinbar gelblich	rund, gekerbt	○ – ◑	kriechend, 3 cm	kleine Teppiche, umwandert größere Steine, Winterschutz
Sumpfiris *Iris setosa*	violett, weiß Juni	schmal grasartig	○ – ◑	horstig, 50 cm	sehr robust
Korkenzieherbinse *Juncus decipiens* 'Spiralis'	braun Juni-August	zierlich stark gedreht	○	horstig, 20 cm	durch zierlichen Wuchs für kleinste Becken geeignet
Spiralbinse *Juncus effusus* 'Spiralis'	braun Juni-August	rund, stark gedreht	○	horstig, 40 cm	interessante Form der heimischen Binse
Schwertbinse *Juncus ensifolius*	schwarzbraun Juni-August	schwertartig, schmal	○ – ◑	horstig, 20 cm	versamt sich
Pfennigkraut *Lysimachia nummularia*	gelb Juni-Juli	rund, pfenniggroß	○ – ●	kriechend, 3 cm	kann ins Wasser wachsen, die Sorte 'Aurea' hat gelbe Blätter
Blutweiderich *Lythrum salicalia*	rot Juli-August	weidenartig	○	horstig, 80-120 cm	heimisch, gute Sorten: 'Stichflamme', 'Zigeunerblut'
Rutenweiderich *Lythrum virgatum* 'Rose Queen'	rosarot Juli-August	weidenartig	○	horstig, 70 cm	zierlicher ist die neue Sorte 'Dropmore Purple' (purpurviolett)
Sumpfvergißmeinnicht *Myosotis palustris*	blau, selten weiß, Mai-Juli	lang-oval, behaart	○ – ◑	niederliegend	heimisch, versamt sich leicht, blüht erneut nach Rückschnitt
Bodensee-Vergißmeinnicht *Myosotis rehsteinerii*	blau Juni-August	klein, oval	○	rasig, 3/5 cm	heimisch, möchte leicht kiesigen Untergrund, Bodendecker
Ballprimel *Primula denticulata*	blau, weiß, rot April	zungenartig, gezähnt	○ – ◑	horstig, 15/20 cm	bei feuchtem Stand sehr ausdauernd
Glockenprimel *Primula florindae*	gelb, glockig Juni-Juli	rund, roter Stiel	○ – ◑	horstig, 15/30 cm	duftend, ähnliche Art *Primula sikkimensis*
Etagenprimel *Primula japonica*	rot, weiß, Mai-Juni	zungenartig, weiße Nerven	○ – ◑	horstig, 20/40 cm	weitere Etagenprimel *Primula bullesiana* in vielen Farben

○ = sonnig, ◑ = halbschattig, ● = schattig, ☠ = Warnung: Pflanze oder Pflanzenteile sind giftig.

Stauden

Name	Blüte	Blatt	Wuchs	Bemerkung
Rittersporn *Delphinium belladonna* 'Atlantis'	leuchtend blau, Juni	handartig, gefiedert	horstig, 80 – 90 cm	verblühte Stiele abschneiden, dann Blüte bis Oktober
Goldwolfsmilch *Euphorbia polychroma*	gelb April-Mai	schmal, hellgrün	horstig, breit, 40/40 cm	schöner, kugliger Wuchs, gute Herbstfärbung
Wiesenschwertlilie *Iris sibirica*	violett bis weiß, Juni	grasartig	horstig, 60 – 80/35cm	heimisch, viele schöne Sorten
Wiesenlobelie *Lobelia siphilitica*	blau, weiß Juli-Oktober	hellgrün, lanzettlich	horstig, straff, 60/40 cm	gut bis in den Herbst, absolut winterhart
Gelenkblume *Physostegia virginiana* 'Red Beauty'	lanzettlich Aug.-Oktober	gesägt	horstig, 60 – 80/40 cm	guter Herbstblüher, Sorte 'Vivid' noch später
Wiesenraute, *Thalictrum* *minus* 'Adiantifolium'	gelblich Juni-Juli	silbriggrün, gefiedert	horstig, 50/35 cm	graziel mit schönem Blatt
Trollblume *Trollius*-Hybriden	gelb Mai-Juni	handartig, gefiedert	horstig, 40 – 60/40 cm	heimisch, kann im Herbst nachblühen
Chinaschilf *Miscanthus sinensis*	rötlich Sept.-Okt.	grasartig, helle Mitte	horstig, 10 – 200/60cm	Sorten 'Kleine Silberspinne' 'Kleine Fontäne' (80-120 cm)
Hirse *Panicum virgatum* 'Strictum'	braune Rispe Juli-August	grün, rote Herbstfärbung	straff, 80-140/35 cm	sehr schön winterhart
Balkanfrauenmantel *Alchemilla erythropoda*	grüngelb Juni-Juli	rund, stumpfgrün	horstig, 10/20 cm	kleine Form des heimischen Frauenmantels
Grasnelke *Armeria maritima*	rot-weiß Mai	grasartig, glänzend grün	kugelig, 10/20 cm	ganzjährig gut aussehend, wintergrün
Gänsekresse *Arabis procurrens* 'Filigran'	weiß Mai	klein, grün, im Winter rot	polsterförmig, 5/15 cm	wintergrün
Zwerggeißbart *Aruncus aethusifolius*	Rispe cremefarb. Mai-Juli	groß, fein gefiedert	buschig, 25/35 cm	kann auch ein Zwerggehölz ersetzen
Zwergglockenblume *Campanula turbinata* 'Jewel'	violett, groß Juli-August	klein, behaart	horstig 10/15 cm	sehr schöne Art
Mauer-Zymbelkraut *Cymbalaria muralis*	violett mit gelb, Mai-Sept.	klein, efeuartig	kriechend, 10 cm	hängt über den Trogrand, die Form 'Compacta' ist horstig
Herbstenzian *Gentiana sino-ornata*	leuchtend blau Sept.-November	klein, nadelartig	niederliegend, 15 cm	Substrat leicht sauer, Lauberde zusetzen
Zwergstorchschnabel *Geranium subcaulescens* 'Splendens'	leucht.-karmin Juni-Juli	gefiedert	niederliegend, 10 cm	auffallend kräftige Farbe
Sternmoos *Sagina subulata*	klein, weiß Juni-Juli	nadelartig,	moosartig, 2-3 cm	niedrige, wintergrüne Polster zwischen Steinen und Pflanzen
Porzellanblümchen *Saxifraga urbinum* 'Clarence Elliot'	rosarot Mai-Juni	rund in Rosetten	polsterartig, 5 – 8/20 cm	wintergrün
Leimkraut *Silene maritima* 'Weißkehlchen'	weiß Juni-August	klein, graugrün	polsterartig, 12/13 cm	wintergrün, versamt sich gern
Bärenfellgras *Festuca gautieri* 'Pic Carlit'	goldfarbig Juni-August	nadelförmig, glänzend grün	polsterartig, 10/25 cm	kann, wenn ungestört, große Polster bilden, wintergrün

Wasser – das bestimmende Element im Mini-Teich

Wasser ist nicht gleich Wasser, denn es wird zwischen hartem und weichem Wasser unterschieden. Für den Mini-Teich ist ein möglichst weiches und nährstoffarmes Wasser Grundvoraussetzung.
Wasserhärte: Sie wird bestimmt durch den Kalzium- und Magnesiumgehalt des Wassers und in Grad dH (Grad deutscher Härte) gemessen. Man unterscheidet die Härtegrade des Wasser wie folgt: 4 bis 8 Grad dH = weich, 8 bis 17 Grad dH = mittelhart, 18 bis 30 Grad dH = hart. Werte zwischen 18 und 20 Grad dH werden von den meisten für den Mini-Teich geeigneten Pflanzen noch vertragen. Den Härtegrad des Wassers kann man beim örtlichen Wasserwerk erfragen oder mit im Fachhandel erhältlichen Meßgeräten ermitteln.
Säuregrad: Er wird durch den pH-Wert ausgedrückt, der Neutralwert liegt bei 7. Bei Werten von 0 bis 6,9 ist das Wasser sauer, bei Werten von 7,1 bis 14 alkalisch. Die Pflanzen im Mini-Teich fühlen sich am wohlsten bei einem pH-Wert von 6,5 bis 7, also im neutralen Bereich. Der pH-Wert sollte von Zeit zu Zeit gemessen werden, da er sich witterungsbedingt (heftige Regenfälle, starker Laubeinfall im Herbst) ungünstig verändern kann.
Nährstoff-Gehalt: Pflanzen des Mini-Teichs benötigen wie alle anderen Pflanzen Nährstoffe. Diese sind im Wasser gelöst und werden von den Pflanzenwurzeln aufgenommen. Um das biologische Gleichgewicht des Wassers zu erhalten, sollte das Nährstoffangebot den Nährstoffbedarf der Pflanzen nicht übersteigen. Dies gilt besonders für den Stickstoff in Form von Nitrat. Er wird ständig bei starkem Sauerstoffbedarf aus organischem Material gebildet. Nimmt dieses stark zu, das kann auch bei zu hohem Nitrat-Gehalt eine starke Algenbildung sein, dann wird dem Wasser zuviel Sauerstoff entzogen, und es beginnt eine Zersetzung ohne Sauerstoff. Das organische Material fängt an zu faulen.
Wasserwerte messen: Wasserhärte, Säuregrad und Stickstoff-Gehalt lassen sich mit einfachen und preiswerten Verfahren messen. Entsprechende Meßreagenzien, Teststreifen und Farbtafeln sind im Zoofachhandel erhältlich. Damit kann jeder Mini-Teich-Besitzer problemlos die genauen Wasserwerte ermitteln.
Mein Tip: Am einfachsten lassen sich Wasserhärte, Säuregrad und Nitrat-Gehalt durch Verschnitt mit Regenwasser – das weich, leicht sauer und nährstoffarm ist, reduzieren.

Substrat

Bis auf wenige Pflanzen, die mit oder auch ohne Wurzeln im Wasser schwimmen, benötigen praktisch alle anderen ein Substrat, in dem sie wurzeln können. Substrate können – je nach Bedarf – grundverschieden sein.
Kies: Kiesiges Material, wie es sich an einem Bachlauf findet, ist im Fachhandel unter der Bezeichnung »Betonkies« zu kaufen. Es besteht aus Sand und Kieseln mit einer Körnung 0 bis 16 oder 0 bis 32 mm. Der Anteil an Sand und kleinen Steinen ist maßgebend für den Halt der Pflanzen im Substrat. Betonkies kann kaum Wasser binden, jedoch von ihm gut durchströmt werden. Grober Kies ohne Sandanteil ab einer Körnung über 30 mm wird nur zum Abdecken von Pflanzungen, zur Verhinderung von Unkrautwuchs und Verringerung der Verdunstung verwendet.
Lehm: Er ist ein guter Nährboden für Seerosen und eignet sich auch als Abdichtungsmaterial. Schlamm, wie er zum Beispiel in Naturteichen vorkommt, besteht aus gelöstem Lehm und abgestorbenen Pflanzen- und Tierresten. Diese werden von Kleinstlebewesen und Bakterien mit Hilfe von Sauerstoff abgebaut, wobei Nährstoffe freiwerden, die die Pflanzen aufnehmen. Diese freiwerdenden Nährstoffe

Die Pflanzenauswahl richtet sich nach der Gefäßgröße.

reichen in der Regel zur Pflanzenernährung vollkommen aus.

Substratzusammensetzung: Da die in Lehm enthaltenen Nährstoffe nicht nur den Pflanzen-, sondern auch Algenwuchs fördern, muß das Pflanzsubstrat für den Mini-Teich eine Zusammensetzung haben, die das berücksichtigt. Hier hat sich ein Substrat als günstig erwiesen, das verhältnismäßig nährstoffarm ist und wenig organische Bestandteile enthält, wie zum Beispiel reiner Betonkies 0/16 mm. Bei der Pflanzung von Seerosen in Körben muß das Substrat aufgrund des eingeschränkten Platzes nahrhafter sein und zu gleichen Teilen aus Lehm und Sand bestehen.

Pflanzenauswahl und -kauf

Die Auswahl und Menge der Pflanzen richtet sich natürlich nach der Gefäßgröße und den Möglichkeiten und Vorstellungen der Gestaltung. Beim Kauf ist auf Qualität zu achten. Gute Sumpf- und Wasserpflanzen werden in Viereck-Containern mit mindestens 9 cm Breite und Tiefe kultiviert. Sie sollten gut sichtbare Austriebe haben und einen kräftigen, gesunden Wuchs zeigen.

Beim Kauf von Seerosen ist darauf zu achten, daß sie mit Sortennamen versehen sind. Nur die in der Tabelle auf Seite 14 aufgeführten Sorten sind schwachwachsend und für den Mini-Teich geeignet.

Zwergseerosen sollten in 9 bis 11 cm tiefen Containern stehen. Bei »Rohware« (Pflanzen ohne festen Containerballen), die unbedingt frisch sein muß, schneidet man die Wurzeln vor dem Einsetzen leicht nach und legt die Pflanzen noch einige Zeit untergetaucht ins Wasser.

Schwimmblatt- und Unterwasserpflanzen sind sehr empfindlich gegen Austrocknen und müssen deshalb in einem geschlossenen Folienbeutel oder in Wasser transportiert werden.

Wichtig: Die Folienbeutel mit den Pflanzen dürfen nicht in der Sonne liegenbleiben. Sie heizen sich schnell so stark auf, daß die Pflanzen regelrecht gekocht werden und nicht mehr zu verwenden sind. Auch vor dem Einsetzen sollen die Pflanzen in Wasser oder feucht gelagert werden.

Praxis: Mini-Teich bepflanzen

Die Pflanzen sollten während der Vorbereitungsarbeiten und vor dem Einsetzen in Wasser gelagert werden. Unterwasser- und Schwimmblattpflanzen decken Sie mit einer feuchten Zeitung oder einem nassen Tuch zu. Sumpf- und Flachwasserstauden sind robust und halten bei einigermaßen feuchten Ballen schon einige Stunden ohne Wasser aus. Angaben zur Pflanzdichte und -tiefe sollten Sie – da sehr verschieden – beim Kauf erfragen. Das Fachpersonal gibt hierzu gerne und gezielt Auskunft.

Korbpflanzung

Zeichnung 1 und 2

Pflanzen mit einem Rhizom (Wurzelstock mit Speicherfunktion) werden am besten einzeln in Gitterkörben eingesetzt. Korbpflanzung hat den Vorteil, daß frostempfindliche Seerosen und andere Schwimmblattpflanzen sich vor dem Winter problemlos aus dem Mini-Teich herausnehmen lassen. Auch alle anderen nicht frostharten Pflanzen sollten deshalb unbedingt im Mini-Teich in Körben stehen. Die Pflanzung von Seerosen oder anderen Schwimmblattpflanzen im Korb ist aber nur möglich, wenn der Wasserspiegel mindestens 15 bis 20 cm darüber steht. Geeignete Gitterkörbe sind 15 bis 20 cm hoch, mit einer Maschenweite, die die Wurzeln gut durchlassen.

1 Korb auslegen, Substrat einfüllen und Pflanzloch vorbereiten.

Austopfen

Sollen mehrere Gefäße bepflanzt werden, stellen Sie zunächst die Pflanzen für ein Gefäß zusammen. Die ausgesuchten Pflanzen ordnen Sie so im Gefäß an, daß Abstände und Größe zueinander passen und das Arrangement Ihrer Vorstellung entspricht. Dann werden die Pflanzen ausgetopft. Ziehen Sie nicht oben an der Pflanze, der ganze Ballen könnte zerreißen. Drehen Sie den Topf mit einer Hand um, stoßen ihn mit dem Rand auf eine Kante und ziehen ganz leicht an der herausfallenden Pflanze. Nun können Sie die Pflanzen wie gewünscht plazieren.

2 Pflanzen einsetzen, Substrat andrücken, dünn mit Kieseln abdecken.

Pflanzen

Zeichnung 5

Zum Pflanzen füllen Sie den reinen oder den zuerst mit Lehm versetzten Betonkies in die Zwischenräume der Pflanzenanordnung. Es darf nur soviel eingefüllt werden, daß die halben Ballen bedeckt sind. Pflanzen, die jetzt zu tief im Wasser stehen, werden auf Steine gestellt oder vorsichtig auf die richtige Höhe gezogen, wobei unter der Pflanze der Kies nachrutscht. Dann wird auf die fertige Höhe, also bis knapp über dem Ballen, mit reinem Betonkies nachgefüllt. Wenn Sie Seerosen auspflanzen, stellen Sie auch alle anderen Pflanzen in das Pflanzgefäß. Dann geben Sie um die Seerose etwas Seerosensubstrat und füllen schließlich mit Betonkies auf. Auch bei einer im Korb gepflanzten Seerose müssen erst alle übrigen Pflanzen im Pflanzbekken wie gewünscht verteilt sein, ehe der Kies eingefüllt wird. Die umgekehrte Reihenfolge – erst den

3 Substrat einfüllen und das Rhizom waagerecht auf die Oberfläche legen.

4 Anschließend das Substrat leicht mit Kieseln beschweren.

Kies einbringen und dann die Pflanzen setzen – ist erheblich schwieriger, da der Kies ständig nachrutscht und dadurch die Pflanzballen flachgedrückt werden.

Seerosen einpflanzen

Hier sollten Sie darauf achten, daß die Pflanzen nicht zu tief eingesetzt werden. Die Seerose wird wie vorab beschrieben ausgetopft und mit ihrem Wurzelballen auf den Boden des Pflanzgefäßes gesetzt. Anschließend füllen Sie mit Kies nach, bis nur noch die Triebspitze zu sehen ist, die nicht zugedeckt werden darf. Um das Wachsen der Seerose zu beschleunigen, kann bis zur Hälfte der Höhe des Ballens mit Seerosensubstrat aus gleichen Teilen Lehm und Sand aufgefüllt und dann mit Kies abgedeckt werden. Ausgepflanzte Seerosen können ihre Wurzeln im ganzen Mini-Wassergarten ausbreiten und sich voll entwickeln. Das ist jedoch nur bei frostharten Sorten oder in Gefäßen möglich, die sich im Winter frostfrei stellen lassen. Von Vorteil ist auch, daß eine ausgepflanzte Seerose eine geringere Höhe hat und somit ein niedrigeres Pflanzgefäß erlaubt.

Seerosen in Gitterkörben pflanzen

Zeichnung 3 und 4

Für Seerosen ist es günstiger, wenn das Korbgitter weiter ist, da so die Wurzeln ungehindert hinauswachsen können. Damit durch das weite Gitter das Substrat nicht ausgeschwemmt wird, legen Sie den Korb vor dem Bepflanzen mit einer Zeitung oder mit Jute aus. Verwenden Sie kein Vlies, denn es läßt die Wurzeln nicht durch. Zeitung und Jute zersetzen sich im Laufe der Zeit. Für den Korb nehmen Sie wieder das Seerosensubstrat und setzen die Seerose so hoch, daß die Triebspitze 1 cm über dem Korbrand steht. Dann füllen Sie das Substrat bis 2 cm unter dem Rand ein, drücken es leicht an und decken es mit Betonkies ab.

Wasser einfüllen

Ist der Mini-Teich fertig bepflanzt und mit Kies abgedeckt, wird Wasser eingefüllt. Es empfiehlt sich, beim ersten Einfüllen ein Blatt Papier oder einen Blumentopf auf den Boden zu legen und darauf das Wasser zu gießen. So vermeiden Sie, daß der Kies aufgespült wird. Nach dem Befüllen nehmen Sie das Papier oder den Blumentopf wieder heraus. Unterwasserpflanzen bringt man erst nach dem Befüllen mit Wasser ein.

5 Substrat in die Zwischenräume der Pflanzanordnung füllen. Pflanzen, die zu tief im Wasser stehen, auf Steine stellen oder auf die richtige Höhe ziehen.

Kombinieren, arrangieren, dekorieren

Mini-Teiche gestalten

Reizvoll wird die Mini-Teich-Bepflanzung durch eine ansprechende und abwechslungsreiche Gestaltung. Ob in einer kleinen Schale, im Holz- oder Steintrog und im selbstgebauten Pflanzgefäß – in diesem Kapitel finden Sie eine Fülle von Anregungen für attraktive Pflanzkombinationen und Gestaltungsideen.

Foto oben: Den mit Seerosen bepflanzten Terracottatopf schmücken Schwimmstein und Schwimmkerzen.
Foto links: Mit verschiedenen Wasserpflanzen besetzte große und kleine Mini-Teiche ergeben ein farbenfrohes Pflanzenarrangement.

Der Mini-Teich und seine Umgebung

Ob Sie Ihren Mini-Teich in einer Keramikschale, einem Holzfaß oder in einem großen Steintrog anlegen – achten Sie in jedem Fall darauf, daß er sich harmonisch in sein Umfeld einfügt. Gerade ein kleiner Wassergarten sollte nicht isoliert stehen, sondern von seiner Umgebung so eingerahmt werden, daß er zum gewünschten Blickfang innerhalb der Balkon- oder Terrassenbepflanzung wird. Sicher wollen Sie Ihr kleines Wasserparadies auch so oft wie möglich im Blickfeld haben. Legen Sie deshalb den Mini-Teich möglichst so an, daß Sie ihn entweder beim Blick aus dem Fenster oder vom Balkon- bzw. Terrassensitzplatz aus gut einsehen können.

Hintergrund

Optisch hervorgehoben wird der Mini-Teich, wenn er vor einem ruhigen und dennoch ansprechend gestalteten Hintergrund steht. Hier bieten sich Mauern, holzverschalte Wände und Palisaden an. Sie können durchaus auch mit Rank- und Kletterpflanzen bewachsen sein, die das Bild abrunden, zudem schützen Sie den Mini-Teich vor Wind und spenden zugleich Schatten.

Nachbar- und Randbepflanzung

Im Mittelpunkt der Bepflanzung steht natürlich der Mini-Teich, die Nachbar- und Randpflanzen sollten ihn nicht erdrücken und verdecken, sondern zu ihm hinführen. Auf einem Balkon, wo der Platz doch eher begrenzt ist, würden große Pflanzkübel mit Sträuchern den kleinen Wassergarten in den Hintergrund drängen. Auf großflächigen Terrassen hingegen ist es wichtig, den Mini-Teich in die Gesamtgestaltung zu integrieren. Hier erlaubt das größere Platzangebot auch die Kombination mehrerer kleiner und größerer Tröge. Auf diese Weise läßt sich die ganze Fläche in kleinere, überschaubare Abschnitte unterteilen und lebendig gestalten (→ auch Seite 46).

Kletter- und Rankpflanzen

Sie können Balkon und Terrasse zu einer grünen Oase werden lassen – vorausgesetzt, man nutzt den zur Verfügung stehenden Raum in allen Dimensionen. Kletter- und Rankpflanzen bieten hier vielfältige Gestaltungsmöglichkeiten. Außerdem sorgen sie im Sommer auf Grund ihrer Verdunstung für eine höhere Luftfeuchtigkeit, spenden Schatten und verbessern somit das Klima auch für den Mini-Teich. Kletterpflanzen gibt es in reicher Auswahl. Ob Sie leuchtende Blüten oder ruhige Grünpflanzen bevorzugen, bleibt Ihrem persönlichen Geschmack überlassen. Mit mehrjährigen Gewächsen lassen sich dauerhafte und pflegeleichte Bepflanzungen arrangieren. Eine flexible Gestaltung ermöglichen einjährige Kletterer. Sie können jedes Jahr neu entscheiden, mit welchen Farben Sie Ihren Balkon oder Ihre Terrasse schmücken wollen.
Eine Rolle bei der Auswahl der Pflanzen spielt außerdem, ob Sie sich an der Pracht herbstlicher Farben oder auch in der kalten Jahreszeit an frischem Grün erfreuen wollen. So besticht Wilder Wein im Herbst mit herrlich rotem Laub, während der Efeu in verschiedenen Sorten auch im Winter sein grünes Laub behält.
Hier einige Arten, die sich als Hintergrundbepflanzung für Ihren Mini-Teich eignen:
Auch an einem schattigen Platz gedeihen das immergrüne Geißblatt (*Lonicera henryi*) sowie die winterharten Clematis-Arten (*Clematis*). Mit jedem Standort kommen der üppig wachsende Knöterich (*Polygonum*) und die einjährige Kletter-Kapuzinerkresse (*Tropaeolum*) zurecht. Einen sonnigen Platz braucht die Duftwikke (*Lathyrus odoratus*).

Vom Sitzplatz aus ist der Mini-Teich gut einzusehen.

Platz ist auch in kleinen Schalen

Kleingefäße eignen sich grundsätzlich für die Anlage eines Mini-Teichs und lassen sich gut mit größeren Trögen aus Holz oder Stein kombinieren.
Sehr flache Schalen mit weniger als 10 cm Tiefe sind allerdings nur als kleine Sumpfgärtchen zu gestalten, da das eingebrachte Pflanzsubstrat kaum noch mit Wasser überflutet werden kann. Bei Bottichen und Schalen (aus Holz, Ton, Keramik oder Kunststoff) mit einem Durchmesser von 40 bis 50 cm empfiehlt sich eine Höhe zwischen 20 und 50 cm. Bei den tieferen Gefäßen ist eine geschlossene Wasserfläche möglich.

Gestaltung

In einem kleinen Pflanzgefäß läßt sich eine Schwimmblattpflanze mit einer höheren, aufrecht wachsenden Staude und höchstens ein bis zwei Begleitpflanzen kombinieren. Dies kann voll ausreichend sein, wenn die Pflanzen für sich wirken und vom Frühjahr bis zum Herbst gut aussehen. Der hübsche Kontrast zwischen einer flach und ruhig auf der Wasserfläche liegenden Schwimmblattpflanze und einer aufstrebenden Staude bringt Spannung ins Bild.

Pflanzenauswahl

Eine schöne Pflanzung lebt wie gesagt durch die Spannung und damit von Gegensätzen. So stehen Seerosen mit ihren großen, runden Blättern immer im Gegensatz zu hochwachsenden, schlanken Halmen und Blüten. Die Größe des Gefäßes bestimmt die Menge der eingesetzten Pflanzen, seine Farbe sollte nach Möglichkeit mit der Farbe der eingebrachten Pflanzen harmonieren. So sind zum Beispiel bei dunklem Steinzeug zarte Blütenfarben, bei hellem Eichenholz kräftige Blütenfarben zu bevorzugen.

Die Pflanzstufe

Viereckige Schalen ab 40 cm Kantenlänge oder runde ab einem Durchmesser von 50 cm lassen sich in zwei Ebenen unterteilen. So können Sie die Pflanzfläche zum Beispiel durch eine Wurzel, einen knorrigen Ast oder ein paar schöne Steine teilen (→ auch Seiten 42/43). Die Steine oder Wurzeln legt man auf den Boden des Gefäßes oder baut sie vom Boden aus auf. Dann werden die Pflanzen eingesetzt und mit Betonkies verfüllt. So verhindert man eine Verschiebung der Trennung. Eine Wurzel, die

Die weiße Seerose paßt gut zu der blauen Steingutschale.

nur auf die untere Kiesebene gelegt wird, rutscht schon beim Einfüllen der oberen Ebene nach vorne und verengt die restliche Waserfläche. Die Stufenhöhe richtet sich sowohl nach der Gefäß- als auch der Pflanzenhöhe. Bei einer Gesamthöhe von nur 20 cm muß die untere Ebene 10 cm hoch sein. Die nächste Ebene liegt dann auf der Höhe des Wasserspiegels.

Pflanzvorschläge

Pflanzvorschlag 1: Ein dunkelbrauner Steinzeug-Bottich von 40 cm Durchmesser und 30 cm Höhe wird mit der warmrosa Flachwasserseerose 'Berthold' (*Nymphaea* 'Berthold') und der hochwachsenden, weißgestreiften Binse (*Scirpus lacustris* 'Albescens') bepflanzt.
Pflanzvorschlag 2: In einen hellen Eichenkübel werden die dunkelrote Flachwasserseerose 'Froebeli' (*Nymphaea* 'Froebeli') und der schwachwachsende Rohrkolben (*Typha laxmanii*) gesetzt.
Pflanzvorschlag 3: Eine gelbe Zwergseerose (*Nymphaea pygmaea* 'Helvola') wird mit blauem Hechtkraut (*Pontederia cordata*) kombiniert.
Wem das zu wenig ist, der kann noch eine dritte Pflanze, die nur wenig über das Wasser hinauswächst, einsetzen. Sie soll jedoch nur ergänzend wirken und sich den beiden anderen Pflanzen unterordnen.
Plfanzvorschlag 4: Eine weiße, duftende Wasserähre (*Aponogeton distachyos*) und blaues Hechtkraut (*Pontederia cordata*) werden durch eine Papageienfeder (*Myriophyllum aquaticum*) ergänzt.
Pflanzvorschlag 5: Eine rote Zwergseerose (*Nymphaea pygmaea* 'Rubra'), eine quergestreifte Zebrabinse (*Scirpus* 'Zebrinus') werden mit einem weißen Fieberklee (*Menyanthes trifoliata*) kombiniert.
Pflanzvorschlag 6: Zu einer gelbrosa Seerose (*Nymphaea* 'Chrysantha') und einem weißbunten Kalmus (*Acorus calamus* 'Variegatus') wird ein Tannenwedel (*Hippuris vulgaris*) gesetzt.
Pflanzvorschlag 7: In eine 20 cm tiefe Schale, deren obere Ebene auf der Höhe des Wasserspiegels liegt, werden am Ufer ein weißbunter Kalmus (*Acorus calamus* 'Variegatus') und eine Korkenzieherbinse (*Juncus decipiens* 'Spiralis') gesetzt sowie in die Flachzone (10 cm Wassertiefe) eine Seekanne (*Nymphoides peltata*).
Pflanzvorschlag 8: In einem 20 cm hohen Gefäß stehen am Ufer (0 cm) eine Sumpfiris (*Iris laevigata* 'Monstrosa'), eine große Sumpfdotterblume (*Caltha palustris* 'Thyermannii'), in der Flachzone (5-10 cm Wassertiefe) eine Blumenbinse (*Butomus umbellatus*).
Pflanzvorschlag 9: In einem Gefäß mit 25 cm Innenhöhe wird das Ufer (0 cm) um ein paar Zentimeter überhöht, erreicht den Gefäßrand und kann ihn auch um einige Zentimeter überragen. Hier stehen eine Sumpfwolfsmilch (*Euphorbia palustris*) und ein Bodensee-Vergißmeinnicht (*Myosotis rehsteineri*), im Flachwasser (15 cm Wassertiefe) eine rote Zwergseerose (*Nymphaea pygmaea* 'Rubra')
Pflanzvorschlag 10: In die Flachzone (5-10 cm Wassertiefe) werden ein gefülltes Pfeilkraut (*Sagittaria latifolia* 'Plena'), ein gestreifter Kalmus (*Acorus calamus* 'Variegatus'), in die Tiefzone (10-20 cm Wassertiefe) eine weiße Zwergseerose (*Nymphaea tetragona* 'Alba') gepflanzt.
Schalen und Bottiche von 30 bis 50 cm Durchmesser eignen sich auch sehr gut, um etwas stärker wachsende, dekorative Pflanzen aufzunehmen, die allein in einem Gefäß stehen sollten. Gepflanzt wird in das auf Seite 21 beschriebene Seerosensubstrat, das bis höchstens 10 cm unter den Rand eingefüllt und nach der Pflanzung mit 2 cm reinem Kies oder Sand abgedeckt wird.
Geeignete Einzelpflanzen: Sumpfschwertlilie (*Iris pseudacorus*), Zypergras (*Cyperus longus*), breit- und schmalblättriger Rohrkolben (*Typha latifolia* und *T. angustifolia*).

Steintröge

Tröge und Pflanzkübel aus Stein gibt es in allen Abmessungen. Bei ihrem erheblichen Gewicht lassen sie sich allerdings meist nur über Rollen bewegen.
Besonders schön sind Tröge aus Naturstein, jedoch auch entsprechend teuer, da sie aus einem großen Block herausgearbeitet werden müssen. Wer Glück hat, findet auf einem Bauernhof noch einen alten Brunnen- oder Futtertrog, der vielleicht im Zuge einer Stallrenovierung ausgebaut und nicht zerschlagen wurde. Tröge aus Granit oder Sandstein sind solchen aus Marmor oder Muschelkalk vorzuziehen, da diese Kalk an das Wasser abgeben, was manchen Pflanzen nicht behagt.

Betontröge

In der Regel werden die Tröge aus reinem Beton ohne Zuschlag gegossen. Sie sind schwer und in ihrer Oberfläche glatt oder strukturiert, schalungsrauh, sandgestrahlt oder gewaschen (Waschbeton). Da meist wasserdicht, müssen sie nicht mehr besonders behandelt werden.
Durch verschiedene Zuschlagstoffe läßt sich das Gewicht verringern (Leichtbeton), was allerdings den Beton oft porös werden läßt. Für den Mini-Wassergarten müssen Leichtbetontröge mit einem wasserdichten Innenanstrich versehen werden. Dazu besorgen Sie sich im Baustoffhandel Dichtungsschlämme und tragen diese zweimal auf.
Mein Tip: Für eine selbst hergestellte Schlämme nehmen Sie einen halben Liter Magermilch und rühren soviel Zement ein, bis eine dickflüssige, streichfähige Masse entsteht.

Betonringe

Sogenannte Schachtringe gibt es mit Durchmessern von 80/100/120/150 cm und in Höhen von 25 oder 50 cm. Bei größeren Dachterrassen lassen sich diese Ringe sehr schön in verschiedenen Größen und Höhen zusammenstellen. Da sie unten offen sind, müssen sie natürlich abgedichtet werden. Dazu stellen Sie den Ring auf eine Unterlage (Zeitung, Folie), die eine direkte Verbindung mit der Stellfläche verhindert. Dann wird der Beton für den Boden hineingegossen. Dieser darf dabei nur feucht und nicht naß sein, muß gut gestampft und dann mit einem Brettchen so lange eingerieben werden, bis er oben naß ist. Sicherheitshalber empfiehlt es sich, Boden und Wand anschließend mit einer Dichtungsschlämme zu streichen.

Gestaltung

Durch ihre meist längliche Form bieten Stein- und Betontröge mehr Möglichkeiten als Rundgefäße, denn es lassen sich sehr gut verschiedene Wassertiefen realisieren. Ein besonders reizvoller Aspekt ergibt sich, wenn man einen Teil der Pflanzfläche über den Wasserspiegel hebt. So läßt sich auf der einen Seite eine typische Ufersituation und auf der anderen Seite eine entsprechende Wasserfläche darstellen. In einem derart angelegten Trog finden Pflanzen für die Sumpf-, Flach- und Tiefzone Platz. Die verschiedenen Höhen lassen sich am günstigsten mit aufeinanderfolgenden Stufen aus Kies schaffen. Da Kies im Wasser aber um mehr als die Hälfte leichter wird, liegt er nicht so fest und rutscht gerne nach unten. So darf die Steigung nicht mehr als 30 Prozent betragen, da anderenfalls das Substrat, sobald Wasser eingefüllt wird, nach unten zusammenrutscht.

Pflanzvorschläge

Man kann den Trog auch als reine Tiefwasserzone gestalten und muß dann nur zwischen Seerosen und Flachwasserpflanzen, die eine Wassertiefe von 25 cm und mehr vertragen, auswählen.

Tröge aus Naturstein werden aus einem Block gearbeitet.

Pflanzvorschlag 1: In der Tiefzone (20-30 cm) die rote Flachwasserseerose (*Nymphaea laydekeri* 'Purpurata'), graubrauner Rohrkolben (*Typha shuttleworthii*), gestreiftes Süßgras (*Glyzeria maxima* 'Variegata'); als Unterwasserpflanze Hornblatt (*Ceratophyllum demersum)*.

Pflanzvorschlag 2: In der Tiefzone (20-30 cm) die weiße Zwergseerose (*Nymphaea tetragona* 'Alba'), Pfeilkraut (*Sagittaria sagittifolia*), Streifenbinse (*Scirpus lacustris* 'Albescens'); als Unterwasserpflanze Wasserhahnenfuß (*Ranunculus aquatilis*).

Zwei Pflanzstufen ermöglichen eine größere Auswahl an Pflanzen. Die zweite Stufe läßt sich als Flach- oder auch Sumpfzone ausbilden.

Pflanzvorschlag 3: In der Flachzone (15 cm Wassertiefe) Streifenbinse (*Scirpus lacustris* 'Albescens'), Froschlöffel (*Alisma plantago-aquatica*), Rohrkolben (*Typha laxmannii*), Japanische Wasserschwertlilie (*Iris laevigata*), Fieberklee (*Menyanthes trifoliata*); in der Tiefzone (30 cm Wassertiefe) die rosa Flachwasserseerose (*Nymphaea* 'Berthold'); als Unterwasserpflanze Nadelsimse (*Eleocharis acicularis*).

Pflanzvorschlag 4: In der Sumpfzone (± 0 bis 2 cm) graubrauner Rohrkolben (*Typha shuttleworthii)*, Fieberklee (*Menyanthes trifoliata*), gelbes Pfennigkraut (*Lysimachia nummularia* 'Aurea'), Spiralbinse (*Juncus effusus* 'Spiralis'), Sumpfkalla (*Calla palustris*); in der Tiefzone (20 cm Wassertiefe) Streifenbinse (*Scirpus lacustris* 'Albescens'), rosa Seerose (*Nymphaea carolinia* 'Perfecta').

Bei der Anlage mit drei Pflanzstufen steht das ganze Pflanzensortiment zur Verfügung.

Pflanzvorschlag 5: In der Sumpfzone (0 bis ± 5 cm) gelbbunte Funkie (*Hosta* 'Golden Tiara'), rote Etagenprimel (*Primula japonica* 'Millers Crimson') und Rutenweiderich (*Lythrum virgatum* 'Rose Queen'); in der Flachzone (5-10 cm Wassertiefe) Wassernabel (*Hydrocotyle novaezelandiae*), weißes Sumpf-Vergißmeinnicht (*Myosotis palustris* 'Alba'), Herzblättriger Froschlöffel (*Alisma subcordata*), Tannenwedel (*Hippuris vulgaris*), Kalmus (*Acorus calamus* 'Variegatus'), Nadelsimse (*Eleocharis acicularis*); in der Tiefzone (20-30 cm Wassertiefe) rosa Seerose (*Nymphaea laydekeri* 'Lilacea').

Wasserspaß aus dem Faß

Die im Kapitel »Stein- und Betontröge« aufgeführten Pflanzvorschläge lassen sich natürlich auch in größeren Holztrögen umsetzen. Diese werden in Gartencenters, Bau- und Heimwerkermärkten in den verschiedensten Größen und Formen (quadratisch, recht- oder sechseckig) angeboten. Die kleinsten sind nicht viel größer als ein Blumenkasten, die größten 120 cm lang, 80 cm breit und 30 bis 50 cm hoch. Pflanzgefäße aus Holz sind als Fertigtröge oder als Bausätze erhältlich. Sehr beliebt sind nach wie vor halbierte Whiskyfässer (allerdings bereits Mangelware), halbierte Herings- und Bierfässer sowie alte Waschzuber.

Holztröge mit Einsatz

Die im Handel angebotenen Fertigtröge sind als Pflanzkästen gedacht und daher nicht wasserdicht. Es gibt entsprechende Wanneneinsätze, die bei kleineren Trögen eingehängt, bei größeren hineingestellt werden. So ausgerüstet können in den verschiedenen Pflanzkästen Mini-Teiche eingerichtet werden.
Erhältlich sind Wanneneinsätze für Sechseckkästen mit 70 cm Durchmesser, für quadratische Kästen mit Kantenlängen von 40, 50 und 60 cm sowie für rechteckige Holztröge mit den Maßen 40 x 60 cm, 40 x 80 cm, 40 x 100 cm und 40 x 120 cm. Die Innenmaße der Wannen sind entsprechend kleiner, man zieht in Länge und Breite etwa 10 cm ab.

Holztröge ohne Einsatz

Sie müssen mit einer wasserdichten Folie ausgekleidet werden. Sollen die Tröge später noch bewegt werden, ist es günstiger, wenn sie einen Boden haben, damit die Folie beim Transport nicht von unten her beschädigt wird. Holzrahmen ohne Boden eignen sich nur dann, wenn der Standplatz für den Mini-Teich absolut feststeht. Denn wenn die Folie direkt auf dem Untergrund aufliegt, lassen sich die Tröge nicht mehr bewegen oder verschieben und müssen beim kleinsten Transport ausgeräumt werden. Zum Schutz der Folie legen Sie unter den Rahmen ein Vlies. Ist die Folie eingepaßt sowie mit Wasser, Substrat und Pflanzen beschwert, wird das überstehende Vlies dicht am Rahmen mit einem scharfen Messer abgeschnitten. Auf diese Weise ist die Folie nicht nur von unten her gut geschützt, sondern hat auch eine flexible Unterlage, die sich besser dem Druck von oben her anpaßt.

Pflanzvorschläge

(für Holztröge mit drei Pflanzstufen)
Pflanzvorschlag 1: In der Sumpfzone (0-5 cm Wassertiefe): große Sumpfdotterblume (*Caltha palustris* 'Thyermannii'), Rosenprimel (*Primula rosea*), Sumpfiris (*Iris setosa*), Rutenweiderich (*Lythrum virgatum* 'Dropmore Purple'); Flachzone (5-10 cm Wassertiefe): Schmalblättriger Froschlöffel (*Alisma lanceolata*), Fieberklee (*Menyanthes trifoliata*), Blumenbinse (*Butomus umbellatus* 'Rosenrot'), Zebrabinse (*Scirpus tabernaemontani* 'Zebrinus'); in der Tiefzone (20-30 cm Wassertiefe): Zwergseerose (*Nymphaea pygmaea* 'Graziella'), Hornblatt (*Ceratophylllum demersum*).
Pflanzvorschlag 2: In der Sumpfzone (0-5 cm Wassertiefe): Roter Günsel (*Ajuga reptans* 'Atropurpurea'), Sumpfwolfsmilch (*Euphorbia palustris*), Glockenprimel (*Primula florindae*), Sumpffarn (*Thelipteris palustris*); in der Flachzone (5-10 cm Wassertiefe): Schwertlilie (*Iris laevigata* 'Dorothee'), Goldkolben (*Orontium aquaticum*), Pfeilkraut (*Sagittaria latifolia* 'Plena'), Graubrauner Rohrkolben (*Typha shuttleworthii*); in der Tiefzone (20-30 cm Wassertiefe): Krebsschere (*Stratiotes aloides*), Seekanne (*Nymphoides peltata*).

Halbierte Holzfässer sind beliebte Pflanzgefäße für Mini-Wassergärten.

Praxis: Holztröge abdichten

Wie im vorangegangenen Kapitel bereits angesprochen, müssen Holztröge als Pflanzgefäße für einen Mini-Teich mit einer Folie wasserdicht ausgekleidet werden.

Folien

Für den Mini-Teich muß in jedem Fall eine gute »Teichfolie« verwendet werden. Billigprodukte sind in der Qualität oft schlecht, haben eine geringere Reiß- und Dehnfähigkeit und enthalten auch Schadstoffe. Empfehlenswert ist eine pflanzenverträgliche, UV-stabilisierte Teichfolie. Zwar ist die Stabilisierung gegen UV-Strahlung bei der Verwendung im Mini-Wassergarten nicht unbedingt erforderlich, doch ist dies ein Qualitätsmerkmal guter PVC-Teichfolien.
PVC-Folien sind allerdings in den letzten Jahren sehr umstritten, da sowohl ihre Herstellung als auch Verarbeitung stark umweltbelastend sind. Zudem dürfte die Entsorgung mehr und mehr Probleme bereiten. EPDM-Folien sind eine umweltfreundliche Alternative. EPDM ist eine organische Kautschukverbindung, daraus hergestellte Folien können thermisch entsorgt werden, ohne daß schädliche Gase und Abfallstoffe entstehen. Diese Folien lassen sich auch sehr gut verarbeiten, denn sie bleiben – im Gegensatz zu PVC – selbst bei niedrigen Temperaturen flexibel. Ein weiterer Vorteil ist die langfristige Maßgenauigkeit. PVC-Folien schrumpfen, wenn sie nicht vollflächig fixiert werden. Auch sind EPDM-Folien langlebiger und UV-beständiger. Allerdings sind sie fast doppelt so teuer wie PVC-Folien.

1 Die Troginnenmaße auf die Folie übertragen, sicherheitshalber 2 bis 5 cm zugeben, damit sich Verschiebungen besser ausgleichen lassen.

Folienstärke

PVC-Folien und EPDM-Folien gibt es in verschiedenen Stärken von 0,5-2 mm. Obwohl 0,5 mm für einen Mini-Teich schon ausreichend wären, empfiehlt sich eine Folie der Stärke 0,8-1 mm, da sie doch eine gewisse Sicherheit gegen Beschädigungen bietet und damit Dichtigkeit gewährleistet.

Folie abmessen

Zeichnung 1

Zunächst ermitteln Sie vom Trog, den Sie für Ihren Mini-Teich verwenden wollen, die Innenmaße und übertragen diese auf die Folie. Dabei geben Sie sicherheitshalber 2 bis 5 cm zu, um geringfügige Verschiebungen ausgleichen zu können. Denn der Ärger ist groß, wenn am Ende ein oder zwei Zentimeter fehlen.

Folie einlegen und anheften

Zeichnung 2 und 3

Beim Einlegen der Folie in den Trog beginnen Sie an einer der beiden Längsseiten. Dazu markieren Sie bei Trog sowie Folie genau die Mitte der Seite, bringen diese beiden Punkte exakt zur Deckung und hef-

4 Folie am Rand mit einem aufgeschraubten Aluminiumband befestigen, dann abschneiden.

ten dann die Folie auf dieser Seite bis kurz vor den Ecken mit einem Tacker fest (Zeichnung 2). Anschließend muß in den beiden dazugehörigen Ecken die Folie gefaltet und angeheftet werden. Dazu drücken Sie die Folie gut in die Ecke. Jetzt werden Sie feststellen, daß die Folie nur dann richtig zu falten ist, wenn sie auch an der Kopfseite in der richtigen Höhe befestigt wurde. Um zu vermeiden, daß später die Folie spannt, muß sie gut in alle Ecken und Kanten hineingedrückt werden. Dabei darf es weder an der Trogwand, noch auf dem Boden Spannungsfalten geben. Wenn Sie die Folie nicht zu knapp anheften, sondern noch etwa einen Zentimeter zugeben, läßt sie sich später glattstreichen und neu heften.

Mein Tip: Damit sich die Folie gut in die Ecken schmiegt und dort auch liegenbleibt, nehmen Sie eine Schaufel voll Sand und drücken ihn in fest die Ecke (→ Zeichnung 3).

Sie können nun die entstehende Falte einfach an die Längsseite heften. Der schräg zur Ecke verlaufende Faltenknick ist dann deutlich sichtbar. Es sieht jedoch besser aus, wenn die Falten hinter der Folie liegen, dann bleibt diese auf der Innenseite durchgehend glatt, und der Knick steht genau senkrecht in der Ecke.

Bei sauberer Arbeit ist überall oben am Trogrand die Folienkante sichtbar. Falten dürfen nicht nach unten zum Trogboden hin verschwinden.

Folie abschneiden

Zeichnung 4

Bevor Sie jetzt die Folie abschneiden, vergewissern Sie sich, daß sie in den Ecken und Kanten gut anliegt und alle unerwünschten Falten ausgeglichen sind. Dies läßt sich am besten kontrollieren, indem man den Trog mit Wasser füllt. Dann befestigen Sie die Folie endgültig am Rand, zum Beispiel mit einem schmalen Aluminiumband, das Sie auf die Folie schrauben. Erst jetzt können Sie die Folie abschneiden.

Man kann auch eine Winkelleiste aus Holz oder Plastik an die Trogwand schrauben. Dazu muß jedoch zuvor die Folie abgeschnitten werden.

Bei PVC-Folien ist es nötig, sie auf der ganzen Länge am Trog zu festzutackern, da sie – wie bereits erwähnt – schrumpfen können. Die EPDM-Folie ist lediglich an ein paar wichtigen Punkten mit einer Schraube und Unterlegscheibe zu befestigen.

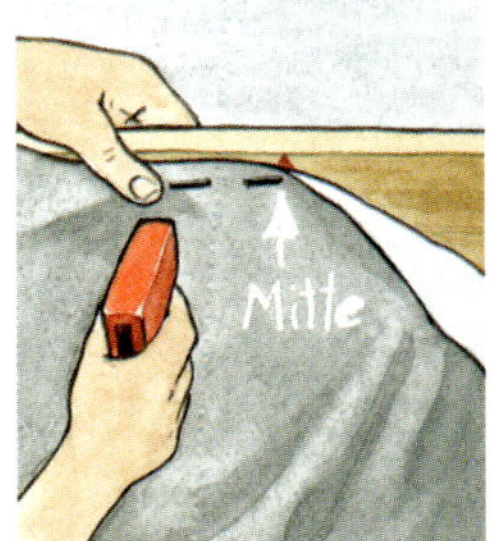

2 Bei Trog und Folie Mitte markieren und Folie zur Seite hin festtackern.

3 Die Folie in den Ecken mit einer Schaufel Sand gut festdrücken.

Außentrogsubstrat

Für eine Dauerbepflanzung sind torf- und rindenhaltige Substrate nicht geeignet. Beide Stoffe zersetzen sich schnell, was zu Sackungen führt. Schon nach kurzer Zeit steht dann die Innenwanne über der umgebenden Pflanzung. Als Alternative bietet sich ein mineralisches Substrat an, das seine Struktur behält, zum Beispiel Kies, Sand oder Lehm. Diese Stoffe sind jedoch schwer und lassen sich deshalb kaum in großen Mengen auf Balkons oder Dachterrassen verwenden. Sie lassen sich allerdings durch leichtere Stoffe, wie zum Beispiel »Dachgartensubstrat« (im Handel auch bekannt als »Trogsubstrat«), ersetzen.
Mein Tip: Sie können das Substrat für die Umpflanzung aber auch selbst nach folgendem Rezept mischen: 4 Eimer gebrochener Blähton (zum Beispiel »Liadrain«), 2 Eimer Rindensubstrat, 2 Eimer Lehm oder lehmige Gartenerde und 100 Gramm organisch-mineralischen Mischdünger (zum Beispiel »Manna Spezial«).

Überlauf

Bei heftigen Regenfällen oder zu starkem Gießen könnte das Wasser im Trog bis zum Rand steigen, so daß die Pflanzen, die den Mini-Teich umgeben, praktisch im Wasser stehen würden. Um dem vorzubeugen, bohren Sie oberhalb des Blähtons, ein Loch durch die Folie und die Seitenwand des Troges. Suchen Sie sich eine Wand aus, die nicht im Blickfeld steht. Dort kann das Wasser nach außen abfließen. Damit es nicht an der Trogwand herunterläuft, empfiehlt sich die Anbringung einer Wand-

Wanne-in-Wanne – die Mini-Wasserlandschaft

Faßt man mehrere Gefäße in einem größeren Trog oder Rahmen zusammen und umpflanzt sie, lassen sich regelrechte Kleinlandschaften gestalten.
Ein Holztrog oder -rahmen (Außentrog, Außenwanne), der innen mindestens 60 cm breit, 100 cm lang und 50 cm tief ist, wird mit einer Folie ausgelegt und mit Blähton etwa 8 bis 10 cm hoch gefüllt. Darauf stellen Sie später die Wanne (Innenwanne) oder das Rundgefäß für den Mini-Teich. Der Blähton dient zudem als Wasserspeicher für die Umpflanzung. In seinen Zwischenräumen kann sich das Wasser ansammeln, nach oben steigen und die darüberstehenden Pflanzen mit Wasser versorgen. Damit sich die Zwischenräume nicht mit Erde statt Wasser füllen, decken Sie den Blähton mit einem Vlies ab.

durchführung, die dafür sorgt, daß der Trog trockenbleibt. Dazu verwenden Sie ein 1 cm starkes Messingrohr mit einem Außengewinde, das durch das gebohrte Loch gesteckt und mit zwei Schrauben und Unterlegscheiben befestigt wird. Um zu verhindern, daß Blähtonkügelchen den Überlauf verstopfen, wird er mit einem Haushaltsschwamm aus Plastik o.ä. geschützt. Erst dann legen Sie das Vlies darauf.

Einsetzen der Innenwanne

Nun können Sie das Pflanzgefäß für den Mini-Teich in den Holztrog stellen. Der Rand des Gefäßes sollte ein wenig unter dem Trogrand liegen. In unserem Beispiel eignet sich als Gefäß sehr gut ein kleiner, 40 cm breiter, 60 cm langer und bis 40 cm tiefer Mörteltrog aus Plastik. Er kann im Winter mit Wasser gefüllt bleiben, ohne bei Frost zu platzen. Bevor Sie das nun Substrat einfüllen, bepflanzen Sie das Mini-Teich-Gefäß und füllen es mit Wasser auf (→ Praxis Bepflanzen, Seiten 22/23).

Pflanzen für den Außentrog

Zur Umpflanzung des Mini-Teichs lassen sich prinzipiell alle Stauden verwenden, die nicht zu groß werden. Pflanzen der Feuchtwiesen sind allerdings die besten Partner für den Mini-Wassergarten. Im Hintergrund können einige sehr schöne, nicht zu hoch wachsende Gräser stehen, davor lassen sich halbhohe Stauden gruppieren, die im vorderen Bereich immer niedriger werden. Dazwischen und rund um den Beckenrand wachsen ein paar kriechende Bodendekker, die den Trogrand verdekken oder auch über ihn hinaushängen.
Mit den Pflanzen aus den Tabellen auf den Seite14/15 und 18/19 bieten sich Ihnen viele Möglichkeiten der Gestaltung nach Ihren Vorstellungen.

Bepflanzungsvorschlag

Das folgende Pflanzbeispiel soll als Anregung dienen, Sie können aber auch auf die in den vorangegangenen Kapiteln eingebrachten Pflanzvorschläge zurückgreifen und dort auswählen.
Der Außentrog ist 120 cm lang und 60 cm breit. Die Innenwanne mißt 35 x 60 cm und steht in der vorderen rechten Ecke. So erhalten Sie links von der Innenwanne eine Fläche von etwa 60 x 60 cm, dahinter eine von etwa 25 x 60 cm.
In die Innenwanne setzen Sie nur zwei Pflanzen: die rosa Seerose (N*ymphaea* 'Berthold') und einen Rohrkolben (*Typha laxmannii*). In die äußere Wanne pflanzen Sie einen Fächerahorn (*Acer palmatum* 'Dissectum Atropurpureum'), hinter die Innenwanne, ungefähr in der Mitte, einen gelblaubigen Spindelbaum (*Euonymus fortunei* 'Emerald Gold'). Eine weißbunte Funkie (*Hosta siboldii)* wird so gepflanzt, daß sie mit ihren Blättern die linke hintere Ecke der Innenwanne überspielt.
Auf die restlichen freien Flächen verteilen Sie von den nachfolgenden Stauden jeweils ein Exemplar: Zwergglockenblume (*Campanula turbinata* 'Jewel'), Ballprimel (*Primula denticula*), Herbstenzian (*Gentiana sino-ornata*), Pfennigkraut (*Lysimachia nummularia*), Etagenprimel (*Primula japonica* 'Millers Crimson), Grasnelke (*Armeria maritima*), Leimkraut (*Silene maritima*), Balkanfrauenmantel (*Alchemilla erythropoda*).
Alle Pflanzen sind winterhart und können im Trog überwintern.
Wichtig: Achten Sie bei der Bepflanzung Ihrer Miniatur-Wasserlandschaft unbedingt darauf, daß Sie höher wachsende Pflanzen im Außentrog immer nach hinten setzen und die niedrigeren vorne einpflanzen. Denn hohe Pflanzen im Vordergrund verstellen Ihnen die Sicht auf den Mini-Teich sowie auf die restliche Pflanzanordnung.

Mini-Teich selbst bauen

Natürlich lassen sich kleine und große Pflanzgefäße für den Mini-Teich auch selbst bauen. Dabei muß entschieden werden, ob sie im bepflanzten Zustand noch bewegt werden oder immer auf dem gleichen Platz stehenbleiben sollen. Ein bepflanzter Trog läßt sich nur dann noch transportieren, wenn es sein Gewicht erlaubt, er einen festen Boden hat oder die wasserdichte Innenauskleidung aus einer festen Wanne besteht.

Umrahmung von Mörtelwannen

Sie können Mörtelwannen ganz einfach mit einem etwa gleich hohen Rahmen aus Holz umgeben, der bloß übergestülpt wird. Rahmen und Trog stehen dann auf dem Untergrund und lassen sich jederzeit getrennt voneinander bewegen. Eine festere Verbindung entsteht, wenn die Mörtelwanne im Rahmen aufgehängt wird. Dazu schrauben Sie innen im Rahmen eine Dachlatte an, die 2 bis 3 mm höher als die Unterkante des Trograndes rundum läuft. Das trägt einerseits zur Stabilität des Rahmens bei, anderseits hängt die Wanne im Randbereich fest, während der Wannenboden bei Belastung mit Substrat, Pflanzen und Wasser dem Boden aufliegen kann. Außerdem wird auf diese Weise vermieden, daß sich die Wanne beim Bepflanzen und Füllen an den Längsseiten nach außen wölbt und gegen den – vielleicht sogar nachgebenden – Rahmen drückt.

Gemauerte Tröge

Bei selbstgemauerten Trögen lassen sich eigentlich alle Materialien vom Klinker oder Ziegel bis zum Naturstein verwenden. Vor Beginn der Arbeiten legen Sie sicherheitshalber auf den Untergrund ein Vlies oder eine Teichfolie, damit sich keine starken Verschmutzungen und Beschädigungen des Balkon – oder Terrassenbelages ergeben. Zudem läßt sich so, sollte später der Trog doch wieder abgerissen werden, der ursprüngliche Zustand leichter wiederherstellen. Da beim Mauern meist auch das Umfeld des Troges verschmutzt wird, kann die Folie etwas größer gewählt werden. Nach Beendigung aller Arbeiten schneiden Sie die überstehende Folie bis zum Trogrand ab.
Gemauert wird mit Zementmörtel in einem Mischungsverhältnis von 4 bis 5 Teilen Sand auf einen Teil Zement. Die Trogwand muß unbedingt die Breite eines Ziegelsteins von 12 cm haben, damit sie stabil ist. Die Innenseite wird verputzt. Soll im Winter das Wasser im Trog bleiben, müssen die Wände angeschrägt werden. Ehe die letzte Schicht gemauert wird, legen Sie die Folie in den Trog ein – oben halb über den Rand – und mauern sie mit fest.

Sicherung gegen Frost

Bekanntlich dehnt sich Wasser beim Gefrieren aus. Diese Ausdehnung kann enorme Kräfte freisetzen. Dabei baut sich der Druck von oben nach unten auf, denn zunächst gefriert das Wasser an der Oberfläche.
Je tiefer das Wasser friert, desto stärker wird der Druck nach unten, aber auch nach der Seite. Damit Mini-Teich-Tröge, die im Freien überwintern sollen, bei Frost nicht platzen, können sie entweder geleert oder so gebaut werden, daß sie dem Druck von Eis standhalten.

Schräge Wände

Sie machen es möglich, daß gefrierendes Wasser nach oben ausweichen kann. Da ein flacher Winkel günstiger als ein steiler ist, empfiehlt sich eine Neigung von 15 Prozent. Bei einem 50 cm hohen Holztrog zum Beispiel ergeben sich demnach pro Seite 7 bis 8 cm

Der Mini-Teich kann mit einem Palisadenzaun eingefaßt werden.

mehr als am Boden des Gefäßes. In der Regel reicht es aus, wenn nur eine Längsseite und die beiden Kopfseiten abgeschrägt sind. Bei sehr offenen und stark frostgefährdeten Trögen kann sich eine Schräge auf allen vier Seiten als günstiger erweisen.
Der Einbau von schrägen Wänden in fertige oder selbstgebaute Tröge sollte aber vor dem Abdichten mit Folie erfolgen.

Einbau von schrägen Wänden

Ein bewährtes Baumaterial ist »Styrodur«, eine sehr druckfeste Hartschaumplatte, die man zur Isolation von Wänden, Decken und Fußböden verwendet. Styrodur-Platten sind in der Abmessung 50 x 100 cm und in den Stärken 1-16 cm erhältlich. Welche Plattenstärke benötigt wird, hängt von der Höhe der Trogwand ab. Bei einem Trog von 50 cm Höhe genügt eine Platte mit 8 cm Stärke. Um zwei gleichgeformte Keile (die bei 1 m Länge unten 7,5 cm, oben 0,5 cm breit sind) zu erhalten, wird die Platte der Länge nach diagonal durchgeschnitten. Bei Trögen mit einer Breite bis 60 cm sind Keile auf den beiden Stirnseiten und nur einer Längsseite ausreichend. Bei größeren Breiten sollten auf allen Seiten Keile eingebaut werden. Setzt man nur an drei Seiten Keile ein, sollte der Keil der Längsseite möglichst der Sonne zugewandt sein. An sonnigen, klaren Frosttagen scheint die Sonne durch das Eis und erwärmt die darunterliegende Folie doch so stark, daß sich ein dünner Wasserfilm zwischen dem Eis und der Folie bildet. Auf diesem Film kann sich das Eis gut bewegen und so den Druck ausgleichen. Die Erwärmung der Folie wird zusätzlich durch die isolierende Wirkung des darunterliegenden Hartschaumkeils gefördert.

Keile für Stein- oder Betontröge

Die Frostsicherung von Stein- und Betontrögen erfolgt in ähnlicher Weise wie beim vorab beschriebenen Holztrog. Die Keile (zum Beispiel aus Gasbeton) werden zurechtgeschnitten, mit Mörtel eingesetzt und verputzt. Dann wird der Trog mit Folie ausgekleidet.

Praxis: Holztröge selbst bauen

Größe und Form des Mini-Teichs lassen sich ganz speziell nach Ihren Vorstellungen bestimmen, wenn Sie zum Beispiel einen Holztrog selbst bauen. Holz ist ein Material, das sich gut verarbeiten läßt und ist besonders für denjenigen eine gute Alternative zum Fertigtrog, der sich ohne großen Aufwand als Heimwerker betätigen will. Bei der Planung muß die Überwinterung in die Überlegungen mit einfließen: Sollen zum Beispiel zur Frostsicherung schräge Wände eingebaut werden (→ Seiten 38/39)? Zum Verbinden der Holzteile können Sie Nägel oder Schrauben oder sogenannte »Schnellbauschrauben« verwenden.

Trog aus Brettern

Zunächst suchen Sie das Holz aus. Sie können zwischen Brettern verschiedener Stärken und Breiten wählen, für kleinere Tröge bis zu 1 m Länge reichen Bretter mit 16-18 mm Stärke aus. Bei größeren Längen sollten sie 22-24 mm stark sein. Die Bretter müssen sehr genau zugeschnitten werden. Der Sägeschnitt verläuft rechtwinklig zur Brettkante und ganz gerade. Kommt es auf genaue Abmessungen an, dann machen Sie sich als Vorlage eine Zeichnung und legen dabei gleich fest, ob die Stirn- oder die Längsseiten eingebunden werden sollen, das heißt, man setzt die Längsbretter zwischen die Stirnbretter oder die Stirnbretter zwischen die Längsbretter. Bei der ersten Möglichkeit sitzen die Befestigungsschrauben auf den Stirnseiten des Troges, bei der zweiten auf den Längsseiten. Welche der Seiten Sie einbinden, ist bei kleinen Trögen unwichtig. Für längere empfiehlt es sich, die Stirnseiten einzubinden.

1 Um Längs- und Stirnbretter zu verbinden, auf die Stirnbretter innen rechts und links eine Latte aufsetzen und anschrauben.

Musterberechnung

Wollen Sie zum Beispiel einen Holztrog mit 80 cm Länge und 40 cm (Außenmaß) Breite sowie eingebundenen Stirnseiten bauen, so muß das Brett an den Stirnseiten auf beiden Seiten jeweils um die Brettstärke verkürzt werden. Bei 16 mm dicken Brettern mißt das Stirnbrett also 36,8 cm. Ist der Trog ohne Boden 40 cm hoch, benötigen Sie vier Bretter von 80 cm Länge und 20 cm Breite sowie vier Bretter von 36,8 cm Länge und 20 cm Breite.

Zusammenbau

Zeichnung 1 und 2

Er wäre ganz einfach, wenn die Schrauben in den Stirnbrettern problemlos halten würden. Das ist aber nur dann der Fall, wenn man sie rechtwinklig zur Wuchsrichtung ins Holz schraubt. Um die Stirnbretter mit den Längsbrettern zu verbinden, müssen Sie auf die Stirnbretter innen rechts und links eine Dachlatte oder ein

Brett aufsetzen und daran die Längsbretter anschrauben (Zeichnung 1). Bei größeren Trögen mit langen Seitenwänden verbindet man die übereinanderstehenden Bretter der Längsseiten alle 50 bis 60 cm von innen mit einer kleinen Latte, damit sie sich nicht verschieben können. Den Boden können Sie fest mit dem Trog verbinden oder lose hineinlegen. Zum festen Einbau schrauben Sie unten im Trog an beiden Längsseiten eine Latte an, legen darauf die Bretter und befestigen sie (Zeichnung 2). Für einen herausnehmbaren Boden gehen Sie in gleicher Weise vor, nur werden hier die Bretter nicht am Trog, sondern an zwei dem Boden aufliegenden Latten befestigt, damit sie sich nicht verschieben können. Die Ecken müssen für die senkrechten Latten ausgekerbt werden.

2 Für den Bodeneinbau an beiden Längsseiten eine Latte befestigen.

Trog aus Kanthölzern

Zeichnung 3

Kanthölzer mit den Maßen 6 x 8 cm, 8 x 10 cm oder 8 x 12 cm lassen sich sehr gut zu Trögen verarbeiten. Sie sind recht stabil, jedoch sehr schwer zu transportieren. Ein Trog aus Kanthölzern sollte deshalb nur dort aufgestellt werden, wo er auf Dauer stehenbleiben kann. Der Zuschnitt der Hölzer richtet sich danach, ob sie hochkant oder flach eingebaut werden. Beim hochkantigen Einbau sparen Sie Zeit und Material. Bei der Längenberechnung der einzelnen Seiten ziehen Sie nur einmal von jeder Länge die Stärke des Kantholzes ab. Dadurch lassen sich die Ecken des Troges gut verzahnen. Die nicht

3 An einem Ende zwei, an dem anderen Ende ein Loch bohren und die Kanthölzer mit Holzdübeln fest miteinander verbinden.

eingebundenen Kantholzenden müssen Sie mit dem oberen und unteren eingebundenen Kantholz verbinden, da sie sonst herausgedrückt werden können. Möchten Sie die Hölzer besonders sicher verbinden, dann bohren Sie drei Löcher – am einen Ende zwei, am anderen Ende eins – und verbinden die Löcher mit Holzdübeln (Zeichnung 3). Bei 6 mm starken Dübeln bohren sie nur 5,5 mm große Löcher.
Bei einer Eckverlattung werden alle Kanthölzer auf Trogbreite oder -länge zurechtgeschnitten. An beiden Enden nehmen Sie ein Stück von halber Kantholzhöhe und voller Kantholzbreite heraus. Auf diese Weise können Sie die Ecke verzahnen und haben nur eine Verbindungsstelle.

Stromzuführung

Die Einrichtung von Leuchten und Wasserspielen im Mini-Teich setzt eine besonders gesicherte Stromzuführung auf dem Balkon oder der Terrasse mit entsprechender Schutzeinrichtung voraus.
Für den Anschluß an den 230 Volt-Wechselstrom unseres Leitungsnetzes ist im Freien und vor allem in Verbindung mit Wasser ein Fehlerstromschutz gesetzlich vorgeschrieben. Wollen Sie also in ihrem Mini-Teich eine Pumpe oder eine Leuchte installieren , müssen Sie sich vergewissern, ob in Ihrem Sicherungskasten ein entsprechender Schutz in Form eines sogenannten FI-Schalters eingerichtet ist. Dieser schaltet bereits bei einem Fehlerstrom von (unmerklichen) 30 Milliampère den Strom ab. Wenn Sie noch keinen FI-Schalter haben, besorgen Sie ihn im Elektrohandel und stecken ihn zwischen Steckdose und Außeninstallation. Noch sicherer ist die Verwendung von Niederspannung (12 oder 24 Volt).
Wichtig: Da es im Außenbereich die verschiedensten Möglichkeiten der Stromzuführung gibt, lassen Sie sich in jedem Fall genau beraten und zwar dort, wo Sie die Leuchten oder Pumpen für den Mini-Teich kaufen.

Beleuchtung

Im Niedervoltbereich gibt es Scheinwerfer, die nicht nur unter, sondern auch über Wasser eingesetzt werden können. Sie haben einen gebündelten Strahl und eignen sich vorwiegend zum Anstrahlen einer einzelnen Pflanze oder eines Wasserspiels. Die Leistung dieser Strahler beginnt bei 20 Watt, die allerdings ein sehr hartes Licht ergeben. Für den Einsatz unter Wasser eignen sich diese Leuchten weniger, da sie das Wasser erheblich erwärmen. Hier verwenden Sie besser eine Unterwasserleuchte mit 5 Watt, die von unten die gesamte Wasserfläche schön ausleuchtet.
Mein Tip: Setzen Sie die Leuchte möglichst dicht hinter die Vorderwand Ihres Mini-Teich-Gefäßes, dann irritiert das Licht nicht, wenn man nahe an den Trog herantritt. Die Stromzuleitung führen Sie durch den Kies und hinter einer Pflanze über den Trogrand nach hinten. Wenn Sie einen Sprudelstrahl illuminieren wollen, stellen Sie die Leuchte direkt hinter die Pumpe oder befestigen sie am Steigrohr.
Für die Außenbeleuchtung sind hübsch gestaltete und variabel einsetzbare12-Volt-Strahler mit 10-Watt Halogenlämpchen im Handel.

Dekoration

Ihre Mini-Teich-Anlage wirkt besonders reizvoll, wenn sich der Blick hier und dort an einem schönen Stein, einer knorrigen Wurzel oder vielleicht sogar einer kleinen Skulptur fängt. Das trägt auch zur Auflockerung der Bepflanzung bei. Mit Steinen und Wurzeln lassen sich nicht nur Ränder, unschöne Ecken und technisches Zubehör verdecken, sie verhindern auch, daß der Kies der einzelnen Pflanzstufen nach unten rutscht. Außerdem können Sie mit Steinen, die bis über den Wasserspiegel angeordnet und dahinter mit Kies aufgefüllt werden, die dritte Pflanzstufe – die Feuchtzone – einrichten.

Steine und Wurzeln

Sie lassen sich in verschiedenen Formen und Größen vielfältig im Mini-Teich einsetzen. Bei größeren Einzelgefäßen sind Steine ein wichtiges Bauelement, um unterschiedliche Wassertiefen oder einen erhöhten Uferbereich zu ermöglichen. Der Baustoff- oder Natursteinhandel, Landschaftsgärtner, Zoogeschäfte und Gartencenters haben passende Steine vorrätig. Besonders empfehlenswert ist der relativ leichte und kalkfreie – allerdings nicht ganz billige –

Schwimmsteine und kleine Skulpturen setzen dekorative Akzente im Miniatur-Wassergarten.

Basalttuff. Für einen Quellstein können Sie grundsätzlich jeden Stein verwenden, der sich anbohren läßt. Gut eignen sich hierfür Findlinge mit ausgeprägten Formen oder auch behauene Steine aus Granit sowie alte Mühlsteine. Quellsteine sind natürlich auch fertig im Handel erhältlich.
Wurzeln, die in den Mini-Wassergarten eingesetzt werden, dürfen nicht frisch, sondern sollen schon einige Jahre abgestorben und angewittert sein. Sehr zu empfehlen sind Moorkieferwurzeln, da sie sich über und unter Wasser einbauen lassen. Auch alte Eichenwurzeln oder knorrige Eichenzweige, werden, wenn sie einige Tage im Wasser gelegen haben, so schwer, daß sie nicht mehr aufschwimmen.

Skulpturen

Auch mit kleinen Skulpturen und Wasserplastiken lassen sich hübsche Akzente in Ihrer Miniatur-Wasserlandschaft setzen. Sie bilden einen malerischen Blickfang innerhalb des Wasserbeckens oder in der Gesamtgestaltung des Balkons oder der Terrasse. Das Angebot ist vielfältig.

Praxis: Wasserspiele und Wasserspeicher

Bewegtes Wasser, ob es nun fließt, leise plätschert oder als kleine Fontäne aufsteigt, hat seinen ganz eigenen Reiz. Es wirkt für das Auge und Ohr des Betrachters beruhigend und erhöht damit die Anziehungskraft des Mini-Wassergartens.
Wichtig: Seerosen und Wasserspiele vertragen sich nicht und sollten möglichst in getrennten Gefäßen untergebracht werden. Denn durch das Plätschern werden die Seerosenblätter laufend von oben naß, können nicht mehr atmen und beginnen zu faulen.

Pumpen

Zeichnung 1 und 2

Wasserbewegung läßt sich ganz einfach durch die Installation einer Pumpe erreichen (→ Stromzuführung Seite 42). Die Größe und Art der Bepflanzung Ihres Mini-Teichs bestimmt die Wahl der Pumpe. Lassen Sie sich im Fachhandel entsprechend Ihrer Anlage beraten.
Die Pumpe stellen Sie auf den Boden der Tiefzone des Troges und verdecken Sie mit einigen Steinen. Nun müssen Sie die für Ihren Mini-Wassergarten gewünschte Höhe und Stärke des Sprudelstrahls ermitteln. Dazu setzen Sie auf die Pumpe ein PVC-Rohr, lassen es kurz unter dem Wasserspiegel enden und schalten die Pumpe ein. Ist der Wasserstrahl zu hoch und zu stark, so verkürzen Sie das Rohr solange, bis der Strahl die gewünschte Höhe und Stärke hat. Prinzipiell gilt die Regel: Endet das Steigrohr dicht unter dem Wasserspiegel, tritt das Wasser mit einer steilen, schmalen Fontäne aus (Zeichnung 1). Je tiefer das Rohrende unter dem Wasserspiegel liegt, desto breiter wird der Sprudelstrahl (Zeichnung 2).

1 Der Sprudelstrahl steigt handbreit und steil auf.

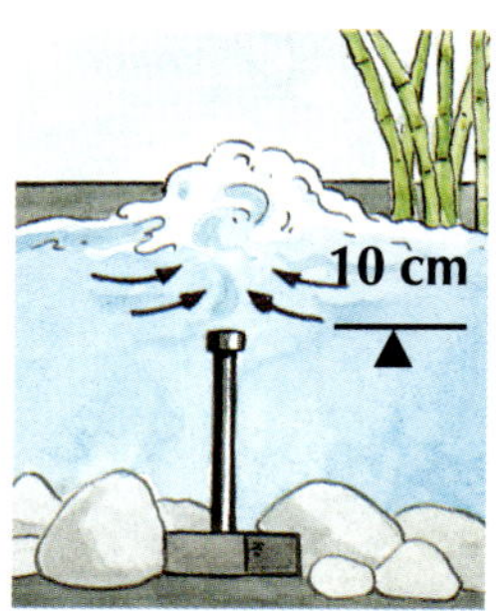

2 Der Sprudelstrahl ist flach und breit.

Sprudelsteine und Filter

(Zeichnung 3)

Sprudelsteine, über die Wasser rieselt, sehen im Mini-Teich nicht nur schön aus, sie können auch zur Wasserfilterung eingesetzt werden. Sie benötigen dazu ein Plastikrohr mit 10 cm Durchmesser, das 3 cm unter der Uferzone endet. In das Rohr sägen Sie viele Schlitze oder bohren es siebartig an, damit die Pumpe aus dem sie umgebenden Kies Wasser ansaugen kann, wobei der Kies als natürlicher Filter wirkt. Unten in das Rohr stellen Sie eine Pumpe mit einer Leistung von 5 bis 6 l/min. Am oberen Ende wird das Rohr mit einem durchbohrten Stein abgedeckt, der mit der Pumpe durch einen Schlauch verbunden ist.

Einrichtung eines Wasserspeichers

Bei einem kleinen Mini-Teich genügt es, wenn Sie ein- bis zweimal wöchentlich den Wasserstand kontrollieren und das verdunstete Wasser mit einer Gießkanne ergänzen. Tröge mit einer erhöhten Uferzone haben jedoch eine im Verhältnis weit höhere Verdunstung als solche mit einer durchgehenden Wasserfläche. Denn beim Aufbau der Uferzone wird durch Steine und Sub-

3 Sprudelstein so anordnen, daß das Wasser in den Teich zurückfließt.

strat die Wassermenge im Trog verringert, oft auf ein Drittel oder ein Viertel. Wenn jetzt der Wasserspiegel im Trog sehr rasch absinkt, so liegt es daran, daß die vorhandene kleine Wassermenge den Verdunstungsverlust für den gesamten Trog ersetzen muß. Mit einem zusätzlichen Wasserspeicher läßt sich der Wasserverlust verlangsamen.

Das Speichergefäß

Zeichnung 4

Bevor Sie das Substrat in den Trog einbringen, legen Sie im Bereich der Uferzone auf dem Trogboden einen Hohlraum an, der sich beim Befüllen des Troges mit Wasser füllen kann. Sie nehmen dazu einen größeren Blumentopf und setzen ihn umgedreht, also mit der Öffnung nach unten, auf den Trogboden. Damit das Wasser von unten her auch eindringen kann, stellen Sie den Topf entweder auf eine dünne Kiesschicht oder schneiden in den Topfrand eine Kerbe.

Und so funktioniert der Wasserspeicher

Zeichnung 4

Das eindringende Wasser verdrängt die Luft im Blumentopf, die durch dessen Bodenloch entweicht. Dieses darf deshalb niemals verstopft werden. Das läßt sich vermeiden, wenn Sie eine Tonscherbe darüberlegen. Nachdem Sie den Topf in den Trog hineingestellt haben, füllen Sie mit Blähton auf. Auch die Tonscherben über dem Topfboden sollten davon bedeckt sein, damit dort einerseits die Luft beim Wassereinfüllen entweichen, anderseits beim Absinken des Wasserspiegels durch Verdunstung wieder eindringen kann.

Auf den verfüllten Wasserspeicher bringen Sie dann das Substrat auf und setzen die Pflanzen ein. Da das Substrat mindestens 10 cm hoch aufzutragen ist, muß der Wasserspeicher etwa 10 bis 12 cm unter der Trogoberkante enden. Wird nach dem Bepflanzen Wasser in den Trog gefüllt, dringt es von unten in den von dem Blumentopf gebildeten Hohlraum ein, während die Luft durch das obenliegende Bodenloch entweicht. Wäre das Bodenloch verstopft, würde der Blumentopf aufschwimmen und die ganze Pflanzung zerstören. Durch diese gespeicherte Wassermenge wird das Wasser im freien Trogteil immer wieder ergänzt, so daß der Wasserspiegel im gesamten Pflanzgefäß entsprechend langsamer absinkt.

4 Speichergefäß außen mit Blähton verfüllen, Substrat einbringen und die Pflanzen einsetzen.

Kleine Oase auf dem Balkon – Mini-Teich Variationen

Der Sitzplatz am Teich, ein Ort der Ruhe und Beschaulichkeit – davon träumt jeder Gartenbesitzer. Aber auch auf dem Balkon oder auf der Terrasse läßt sich eine kleine Wassergarten-Oase einrichten, die zum entspannten Verweilen und Betrachten einlädt.
Für die folgenden Gestaltungsvorschläge wurde eine Fläche vom mindestens 6 m^2 zugrundegelegt. Die Pflanzvorschläge sind allgemein gehalten, um bei der Zusammenstellung und Anordnung der Pflanzen den jeweils persönlichen Vorstellungen Spielraum zu lassen.

Ein Hauch von Fernost

Diagonal zur vorderen linken Balkonecke ist die Pflanzkombination in größeren und kleineren Keramikgefäßen angeordnet, deren Mittelpunkt der Mini-Teich ist.
In eine niedrige, breite Schale werden eine rosa Flachwasserseerose und eine weiß-bunte Binse gepflanzt. Für fernöstliche Impressionen sorgt ein japanisches Wasserspiel (Shishi-Odoshi) aus Bambus (in jedem Gartencenter erhältlich), dessen Mechanik verblüffend einfach ist und gerade deshalb faszinierend wirkt. Ein Bambus bildet den grünen Hintergrund für den Mini-Teich. Seitlich eingerahmt wird er von einer Azaleen-Hybride, einem Fächerahorn und einem Rhododendronstrauch. Zwischen den großen Pflanzkübeln gruppieren sich verschiedene kleine Töpfe mit weißbunten Funkien und Frauenmantel. Der gesamten Pflanzanlage gegenüber könnte vor einem mit Clematis bewachsenem Bambusspalier eine Sitzgruppe aus dunklen Rattanmöbeln stehen.

Wasserlandschaft mit Palisadeneinfassung

Ebenfalls diagonal zu einer Balkonecke verläuft in einer leichten Schwingung ein Palisadenzaun, der die vordere Einfassung einer Mini-Wasserlandschaft (→ Foto Seite 39) darstellt. Dahinter werden in einer Umpflanzung mit verschiedenen Stauden und Ziergehölzen zwei Mini-Teiche in rechteckigen Pflanzgefäßen angelegt. Ein Trog ist mit Rohrkolben, Pfeilkraut und Hornkraut besetzt. Ein Wasserspiel läßt eine kleine Fontäne aus den Pflanzen aufsteigen. Im zweiten Trog sorgen eine Seerose mit dunkler Blüte, eine Sumpfdotterblume, eine Schwanenblume sowie Tannenwedel für ein hübsches, leuchtendes Farbenspiel. Auf der anderen Balkonseite bilden drei Oleandersträuche in hellen Holztrögen einen lockeren Sichtschutz aus filigranen Blättern und Blüten. Eine Sitzgruppe, ebenfalls aus hellem Holz, können Sie in der Balkonmitte plazieren.

Terrasse mit Natursteintrögen

Das größere Platzangebot erlaubt hier eine großzügigere und aufwendigere Bepflanzung. Allerdings muß die Tragfähigkeit der Terrasse abgeklärt werden. In der vorderen rechten Terrassenecke stehen drei Natursteintröge, Trog 1 und 2 senkrecht zueinander, Trog 3 parallel, leicht nach vorne versetzt zu Trog 2. Trog 1 wird als Sumpfbeet mit verschiedenen Sumpfpflanzen angelegt. Trog 2 enthält den Mini-Teich mit Seerosen oder anderen Schwimmblattpflanzen. Trog 3 ist mit Steingartenstauden bepflanzt. Den Sichtschutz für eine gußeiserne Sitzgruppe vor der rechten Hauswand bildet eine über Eck verlaufende Pergola, an der sich verschiedene blühende Kletterpflanzen hochranken. Mehrere im Halbrund stehende immergrüne Kübelpflanzen in Steintrögen umschließen den Sitzplatz auf der gegenüberliegenden Terrassenseite und schaffen somit eine intime Atmosphäre.

Ein beschaulicher Sitzplatz am Wasser läßt sich auch auf dem Balkon verwirklichen.

Sauberes Wasser, gesunde Pflanzen

Pflegen und überwintern

Nachdem die Anlage und Gestaltung des Mini-Teichs gelungen ist, gilt es den Erfolg durch regelmäßige und sorgfältige Pflegearbeiten zu wahren, will man die Bepflanzung attraktiv und das Wasser sauber halten. Ratschläge und Tips zur erfolgreichen Überwinterung runden das Pflegeprogramm für den Mini-Teich ab.

Foto oben: Die karmesinroten Blüten der Flachwasserseerose Nymphaea ladykeri 'Purpurata' sind außen heller.
Foto links: Fremdländische Wasser-und Sumpfpflanzen – wie Lotosblume und Pfahlrohr – sind frostempfindlich und müssen in einem frostfreien, hellen Raum überwintern.

Sauberes und gesundes Wasser

Steht das Wasser einige Zeit im Trog, bildet sich im Mini-Teich ein biologisches Gleichgewicht. Im Bodenschlamm leben nun genau die Mikroorganismen, die für die Zersetzung von organischen Stoffen sorgen und somit zur Klärung des Wassers beitragen. Um dieses biologische Gleichgewicht zu erhalten, sollte dem Wasser immer Ihre besondere Aufmerksamkeit gelten. Vorrangigste Pflegemaßnahme ist die regelmäßige Wasserergänzung, da der Wasserspiegel niemals zu stark schwanken darf. Bei warmem Wetter sollten Sie deshalb möglichst jeden zweiten Tag das Wasser kontrollieren und bei Bedarf auffüllen.

pH-Wert

Je nach Qualität des Wassers können Sie Leitungswasser verwenden oder müssen mit Regenwasser für einen günstigen pH-Wert (zwischen 6 und 6,5) sorgen. Prüfen Sie deshalb das Wasser alle 4 bis 6 Wochen mit Teststreifen, die Sie im Aquarienhandel bekommen. Verfärben sich die Teststreifen und ändert sich die Farbe nicht mehr, vergleichen Sie den Teststreifen mit der beiliegenden Farbskala und lesen den Säuregrad ab. Bei anderen Tests füllt man Teichwasser in ein durchsichtiges Gefäß, färbt es mit einer Indikatorlösung und vergleicht wieder mit einer Farbskala.
Ist das Wasser zu sauer (pH-Wert 5,5 und weniger), bringen Sie einige Kalksteine oder etwas Marmorkies in das Wasser ein. Die Kohlensäure des Wassers löst den Kalk an und der pH-Wert steigt. Wird der pH-Wert zu hoch, ist die Zuführung von Regenwasser die beste Lösung. Bleibt er dennoch auf Dauer höher als 7,5, sollten Sie den Kies oder die Steine in Ihrem Mini-Teich überprüfen. Gegebenenfalls müßten Sie Pflanzen, die keinen Kalk vertragen, durch kalkverträgliche ersetzen.

Algenbekämpfung

Eine Pflanze, die kalkhaltiges Wasser mit einem höheren pH-Wert bevorzugt, ist die gefürchtete Fadenalge, ein watteartiges, grünes Gespinst aus feinen, dünnen Fäden. Erst bei einem pH-Wert von 6 wird sie nicht mehr lästig, vor allem dann, wenn der Nährstoffgehalt im Wasser gering ist. Als erfolgversprechende Bekämpfungsmaßnahme hat sich das Einbringen von Gerstenstroh erwiesen. Wenn sich das Stroh zersetzt, werden Stoffe frei, die einerseits die Algen abtöten, andererseits ein gesundes Wachstum der Pflanzen fördern. Nun können Sie natürlich das Gerstenstroh nicht einfach in den Mini-Teich werfen. Nehmen Sie eine Handvoll davon und stecken sie in ein faustgroßes Gazesäckchen, das möglichst verdeckt auf dem Trogboden plaziert wird. Die Wirkung tritt allerdings erst nach einigen Wochen ein, wenn die Zersetzung des Strohs beginnt, kann dann aber bis zu einem dreiviertel Jahr anhalten. In der Übergangszeit sollten Sie größere Algenpolster mit einem Stäbchen oder einer Gabel abfischen. Seit kurzer Zeit werden im Handel auch Tabletten aus zersetztem Gerstenstroh angeboten.

Wasserwechsel

Häufig trüben winzige Schwebealgen das Wasser und können es grau, grün, bläulich oder rot färben. Tritt diese Wassertrübung (eine sogenannte »Algenblüte«) ein, wäre es ein großer Fehler, wenn Sie jetzt das Wasser wechseln. Die Entwicklung von Schwebealgen ist an besondere Umweltbedingungen gekoppelt und wird vom Nährstoffgehalt und der Temperatur des Wassers sowie den Lichtverhältnissen beeinflußt. Da alle drei Faktoren sich im Laufe des Jahres ständig ändern, wird sich die Algenblüte – im

Der Pflege des Mini-Teich-Wassers muß die besondere Aufmerksamkeit gelten.

Gegensatz zur lästigen Fadenalge – nie lange halten. Gerade frisch eingefüllte Mini-Wassergärten neigen häufig zu dieser Algenbildung. Es wäre völlig falsch, das Wasser gleich zu wechseln, denn danach würden sich ziemlich rasch die Algen erneut einstellen. Die Algenblüte kann sich als kurzes Intermezzo jedes Frühjahr wiederholen.

Wasserimpfung

Wenn Sie die Bepflanzung oder Gestaltung Ihres Mini-Teichs verändern wollen, müssen Sie unter Umständen gelegentlich das Wasser aus dem Trog entfernen. Sie können es nun mit einem Schlauch als Saugheber in den Abfluß ablaufen lassen. Besser wäre es, möglichst einen Teil davon aufzufangen und ihn für die Wiederverwendung beiseitezustellen. Wenn Sie dann den Trog wieder mit frischem Wasser einfüllen, können Sie das Frischwasser mit diesem Wasser »impfen« und es somit beleben. Das biologische Gleichgewicht in Ihrem Mini-Teich wird sich auf diese Weise schneller wieder einstellen.

Pflanzenpflege im Mini-Teich

Pflanzen haben das natürliche Bestreben, zu wachsen, zu blühen und sich auszubreiten. So wird sich auch Ihr Mini-Teich bald nach der Anlage weiterentwickeln und schon nach wenigen Wochen ein ganz anderes Bild zeigen als am Tage der Pflanzung.

Ausläuferbildende Pflanzen

Sie sollten genauer beobachtet werden. Es gibt einige Arten, die sich so stark ausbreiten, daß sie über kurz oder lang – unerwünscht – die beherrschenden Pflanzen im Trog wären. Deshalb setzen Sie am besten alle Pflanzen mit unterirdischen Ausläufern in einem etwas größeren Container in den Trog ein. Im folgenden Sommer müssen Sie darauf achten, daß die Ausläufer nicht über den Containerrand in den restlichen Trog einwandern. Werfen Sie auch immer auf diese Pflanzen einen Blick, wenn sie den Wasserstand kontrollieren und knipsen eventuelle »Ausreißer« außerhalb des Containers mit dem Daumennagel ab.

Simse und die Wasserminze bilden Ausläufer oder wuchern stark.

Umtopfen

Diese Pflegemaßnahme fällt bei Pflanzen mit Ausläufern mindestens jedes zweite Jahr an. Die wuchernden Pflanzen füllen den Container so sehr aus, daß sie bald keine Nahrung mehr finden und sich außerdem mit ihren Trieben über den Containerrand hochdrükken. Spätestens dann müssen sie herausgenommen, geteilt und wieder neu eingetopft werden. Sie nehmen dabei nur ganz wenige Triebe der alten Pflanze ab, um sie in den frischen Container zu setzen. Die günstigste Zeit für diese Pflegearbeit ist das Frühjahr, zu Beginn des Austriebs. Die frisch getopfte Pflanze kann dann wieder an den alten Platz gestellt werden.

Pflanzen teilen

Große Stauden können sich mit der Zeit zu regelrechten Büschen entwickeln. Wenn Sie Ihnen zu groß erscheinen, müssen sie herausgenommen und geteilt werden. Bei manchen Pflanzen läßt sich ganz einfach ein größeres Stück herauslösen oder abreißen. Bei anderen müssen Sie den Wurzelstock mit einem kräftigen Messer auseinanderschneiden.

Düngen

Hier wird gern zuviel des Guten getan. Denn ein Überangebot an Nährstoffen kann rasch zur Algenbildung führen. Ist der Trog gut eingewurzelt und hat sich die Mikrofauna entwickelt, entsteht ein natürlicher Kreislauf. Pflanzen und Tiere sterben ab, sinken zu Boden und werden dort von Bakterien und anderen Kleinstlebewesen abgebaut. Deren Abbauprodukte sind auch wichtige Pflanzennährsalze, die von den Pflanzenwurzeln wieder aufgenommen werden. Nur sehr raschwüchsige Pflanzen leiden vielleicht einmal Mangel und bleiben dann etwas kleiner, was im Prinzip für die Proportionen des Mini-Teichs nur günstig ist. Sie können solchen Pflanzen ein halbes Düngerstäbchen direkt in den Pflanzballen drücken. Bei schwachwachsenden Seerosen fördert eine kleine Gabe phosphorbetonten Düngers die Entwicklung der Blüten.

Seerosen pflegen

Seerosen werden im Mini-Teich ausgepflanzt oder im Korb eingesetzt (→ auch Seiten 22/23). Die ausgepflanzten Exemplare können über den gesamten Beckenboden wurzeln und entwickeln sich deshalb besonders gut. Damit sie sich aber nicht zu stark ausdehnen, sollten Sie die Pflanze jedes Frühjahr auf nur einen kurzen Trieb mit höchsten zwei Seitenknopsen reduzieren. Wählen Sie dazu einen kräftigen Trieb aus und entfernen alle anderen Triebe und das Triebende. Im Korb eingesetzte Seerosen werden nach dem Überwintern neu getopft, wobei Sie alle Triebe, bis auf den stärksten, entfernen. Ausnahmen bilden nur die Zwergseerosen. Sie wachsen so langsam, daß sie einige Jahre ungestörte Entwicklung in demselben Topf brauchen.

Pflanzenschnitt

Das Wachsen und Absterben der Pflanzen sind natürliche Vorgänge. Ob Sie hier eingreifen oder nicht, ist Ihre persönliche Entscheidung. Einerseits bringen abgestorbene Triebe, wenn sie sich am Boden zersetzen, neue Nahrung, andererseits stören natürlich tote Pflanzenteile das Bild. Unbedingt entfernt werden müssen dagegen kranke Blätter, damit sie nicht andere Pflanzen anstecken. Anfällig sind nur der Froschlöffel und Tannenwedel. Beim Froschlöffel finden Sie dann auf den Blättern rotbraune Punkte, die bald das ganze Blatt überziehen. Breitet sich der Schaden weiter aus, müssen Sie alle Blätter abschneiden, was die Pflanze mit einem gesunden Neuaustrieb quittiert. Beim Tannenwedel können die Triebe über der Wasseroberfläche absterben und müssen bei Beginn des Krankheitsbefalls sofort bis einen Zentimeter tief unter dem Wasserspiegel entfernt werden. Die Pflanze treibt dann wieder gesund aus.

Fruchtstände

Schöne herbstliche Fruchtstände und abgestorbene Gräser sollten Sie nicht zurückschneiden, wenn der Trog den Winter über im Freien stehenbleiben kann. Sie ergeben im Winter bei Rauhreif und Schnee attraktive Bilder und Silhouetten. Die übrigen abgestorbenen Pflanzenteile, die im Wasser oder auf dem Trogboden liegen, schneiden Sie vor dem Winter ab und entfernen sie. Sie müssen allerdings auch im Sommer darauf achten, daß nicht allzuviel organisches Material ins Wasser gelangt oder dort verbleibt.

Mini-Teich überwintern

Von der Auswahl der Pflanzen (→ Seite 21) und dem Material der Pflanzgefäße für Ihren Mini-Wassergarten hängt es ab, ob er den Winter über im Freien bleiben kann oder der Trog und ein Teil der Pflanzen frostfrei, also im Haus überwintern müssen.
Da alle einheimischen Sumpf- und Wasserpflanzen winterharte Stauden sind, können sie ohne Bedenken draußen überwintern. Dabei macht es ihnen nichts aus, ob sie in Containern stehen oder im Trog ausgepflanzt sind. Sie haben das seit langem in den Staudengärtnereien bewiesen. Dies gilt auch besonders für alle Pflanzen, die im Wasser einfrieren.
Alle Tröge und Schalen, die auf Grund ihrer schrägen Wände im Winter mit Wasser gefüllt bleiben können, sind bestens zur Überwinterung im Freien geeignet. Auch heimische Pflanzen in der Sumpf- oder Feuchtzone, die über dem Wasserspiegel stehen, benötigen keinen besonderen Schutz, wenn auch eine Abdekkung mit Tannenzweigen zusätzlich etwas schützen kann.
Alle Pflanzgefäße, die dem Druck gefrorenen Wassers nicht standhalten, müssen entweder völlig entleert oder in einem frostfreien und möglichst hellen Raum untergebracht werden.

Der Überwinterrungsraum

In ihm sollte die Temperatur möglichst nicht unter 0°C fallen und 5°C nicht übersteigen. Denn bei höheren Temperaturen treiben die Pflanzen aus. Ist der Standort nicht ausreichend hell, leiden sie und gehen im Laufe des Winters ein. Außerdem verdunstet dann auch das Wasser zu schnell. Während des Winters dürfen die Pflanzen und Gefäße niemals ganz austrocknen. Deshalb müssen Sie regelmäßig nachsehen und mit Wasser auffüllen.

Nicht frostharte Pflanzen

Sie müssen den Winter über aus dem Mini-Teich entfernt werden. In den Pflanzentabellen (→ Seiten 14/15 und 18/19) wird auf die Frostempfindlichkeit hingewiesen. Im Container eingesetzte Pflanzen können Sie beim ersten Frost problemlos aus dem Trog nehmen, säubern, in eine wasserdichte Schale oder Kiste stellen und im vorab beschriebenen Raum überwintern.
Frostempfindliche Seerosen verlangen eine besondere Behandlung. Da sie in der Regel in Körben eingesetzt werden, lassen sie sich ebenfalls leicht aus dem Mini-Teich herausnehmen. Schneiden Sie alle Blätter direkt am Rhizom ab, ebenso alle faulen Stellen. Dann stellen Sie die Seerosen in eine Schale oder einen Eimer und füllen Wasser auf. Sie können die Pflanzen aber auch zwei Fingerbreit mit feuchtem Torf bedecken.

Tröge im Freien überwintern

Größere Tröge, die sich nicht bewegen lassen, bleiben im Freien und werden an Ort und Stelle winterfest gemacht.
Bei Trögen mit senkrechten Wänden muß das Wasser abgelassen werden, da sich das Eis nicht nach oben schieben kann. Verwelkte Pflanzenteile entfernen Sie, damit es über den Winter nicht zu Fäulnis kommt. Alle winterharten Seerosen und Stauden können im Trog bleiben. Damit sie hier nicht durch Frost und Wintersonne austrocknen, füllen Sie den Trog mit Laub. Empfehlenswert ist Eichen- oder Buchenlaub, das wegen seines hohen Gerbsäureanteils nicht fault. Die höherwachsenden Pflanzen werden abgeschnitten, denn Sie müssen den Trog abdecken, damit er sich nicht durch Regen und Schnee mit Wasser füllt. Als Abdeckung eignet sich am besten eine durchsichtige Plastik- oder Noppenfolie. Sie schützt den Trog vor den extremsten Temperaturen und läßt zugleich das für die Pflanzen notwendige

Einheimische Sumpf- und Wasserpflanzen können problemlos im Freien überwintern.

Licht hindurch. Die Folie darf nicht direkt auf den Pflanzen liegen, sondern etwa 10 cm darüber. Das so entstehende Luftpolster wirkt isolierend und verhindert, daß die Pflanzen faulen oder von Schimmelpilzen befallen werden. Die Folie müssen Sie gut am Trog befestigen, damit sie bei starken Winterstürmen nicht wegfliegt.
Wenn sich auch Tröge mit schrägen Wänden (→ Seiten 38/39) besser überwintern lassen, sollten sie ebenfalls mit einer Folie abgedeckt werden.

Pumpen überwintern

Betreibt in Ihrem Mini-Teich eine Pumpe ein Wasserspiel (→ Seiten 44/45), so müssen Sie diese rechtzeitig vor dem ersten Frost abschalten und aus dem Mini-Teich herausnehmen, denn Pumpen sind sehr frostempfindlich und müssen deshalb entsprechend sorgfältig behandelt werden. Damit die Pumpe nicht über den Winter austrocknet, wird sie in einem Eimer mit Wasser ebenfalls im Überwinterrungsraum aufbewahrt.

Ende der Überwinterung

Ende März, Anfang April ist in der Regel nicht mehr mit strengem Frost zu rechnen. Jetzt wird es Zeit, den Mini-Teich für den Sommer vorzubereiten. Bei den Trögen, die im Freien überwintert haben, entfernen Sie die Winterabdeckung und das Laub. Dann topfen Sie, wenn nötig, die frostempfindlichen Pflanzen um (→ Seiten 52/53) und stellen sie wieder an ihren Platz im Mini-Teich-Trog. Anschließend kann Wasser eingefüllt werden.

In den Sommermonaten entfaltet sich der Mini-Teich in seiner ganzen Pracht.

Pflege rund ums Jahr

Januar/Februar: Die Tröge und Kleingefäße im Überwinterrungsraum kontrollieren. Bei den Kleingefäßen, Seerosen und frostempfindliche Pflanzen prüfen, ob sie noch feucht genug sind, wenn nötig, Wasser geben. Bei den im Freien stehenden Trögen Wasserstand oder die Feuchtigkeit sowie die Sicherheit der Abdeckung überprüfen.
März: Ende des Monats, wenn nur noch leichte Nachtfröste zu erwarten sind, die Tröge im Freien aufdecken, um die Pflanzen etwas abzuhärten. Das Abdeckmaterial aber in Reichweite behalten, damit es bei starken Spätfrösten griffbereit ist.
April: Laub aus den Trögen herausräumen. Die frostempfindlichen Pflanzen aus dem Überwinterrungsraum holen, nötigenfalls umtopfen und wieder an ihren alten Platz im Trog setzen. Jetzt Veränderungen im Mini-Teich vornehmen. Pflanzen, die zu groß geworden sind, herausnehmen, teilen und ein Teilstück wieder im Trog einsetzen. Pflanzen, die nicht mehr gefallen, entfernen und im Mai durch neue ersetzen. Abschließend Wasser einfüllen.
Mai: Jetzt ist Saison für die Wasserpflanzen sowie der günstigste Zeitpunkt, sie zu setzen oder auszutauschen. Größte Auswahl in den Gartencenters und Spezialgärtnereien. ph-Wert des Mini-Teich-Wassers kontrollieren und gegebenenfalls regulierend eingreifen.
Juni: Den Wasserstand überprüfen. Zu stark wuchernde Pflanzen einkürzen. Wenn die Seerosen noch nicht blühen, kann mit einem Kegel Blumendünger oder einer Tablette Wasserpflanzendünger nachgeholfen werden. Bei Algenbildung das Gerstenstroh-Säckchen einsetzen.
Juli/August/September: Während der Sommermonate immer auf den Wasserstand achten und regelmäßig Wasser nachfüllen. pH-Wert gelegentlich kontrollieren. Abgestorbene und kranke Pflanzenteile entfernen.
Oktober/November: Die Pflanzen fangen langsam an abzusterben. Verwelkte Pflanzenteile, die über den Winter faulen könnten, laufend entfernen. Ende November Trog winterfertig machen. Nach dem ersten stärkeren Frost die frostempfindlichen Pflanzen sowie die nicht frostfesten Gefäße und Pumpen zur Überwinterung im Inneren vorbereiten.
Dezember: Spätestens Anfang des Monats die im Freien verbleibenden Tröge winterfest machen und abdecken. Die nicht frostfesten Gefäße und frostempfindlichen Pflanzen nun im Überwinterungsraum unterbringen.

Pannenhilfe

Pannen mit Ihrem Mini-Teich kommen selten vor und sind dann nicht weiter tragisch. Probleme mit der Bepflanzung und dem Wasser ergeben sich in der Regel nur dann, wenn grobe Fehler gemacht wurden.
Beschädigung der Folien: Löcher in PVC-Folien können Sie – nachdem das Wasser abgelassen wurde – mit Heißluft oder Quellschweißmittel verschweißen. Bei EPDM-Folien ist die Reparatur allerdings schwierig. Kleinere Löcher lassen sich mit Silikonkitt »Transparent« verkleben. Dazu muß die Folie jedoch absolut trocken und sauber sein. Der Silikonkitt wird auf das Loch gespritzt und nach der Seite hin flach ausgestrichen. In der Mitte des Silikonflekkens, genau über dem Loch, sollten Sie die Masse etwas dicker auftragen. Anschließend lassen Sie die Silikonmasse einen halben Tag trocknen und abbinden, ehe das Wasser eingefüllt wird. Bei größeren Schäden muß allerdings die Folie ausgewechselt werden.
Wasserverlust: Wenn von Anfang an Wasser verlorengeht und kein Loch vorhanden ist, dann schauen Sie nach, ob nicht eine Falte hinter der Auskleidung nach unten verrutscht ist. Die Kante der Folie muß durchlaufend an der Trogoberkante zu sehen sein.

Sach- und Pflanzenregister

Die **halbfett** gesetzten Seitenzahlen verweisen auf Farbfotos und Zeichnungen.
U = Umschlagseite

Register

Literatur, die weiterhilft

(falls nicht im Buchhandel, dann in Bibliotheken erhältlich)

Jansen, A.: *Teichpflanzen einsetzen und pflegen.* Gräfe und Unzer Verlag, München

Schimana, W.: *Wassergärten.* Frankh-Kosmos Verlags GmbH, Stuttgart

Stadelmann, P.: *Der große GU Ratgeber Gartenteich.* Gräfe und Unzer Verlag, München

Wachter, K.: *Der Wassergarten.* Verlag Eugen Ulmer, Stuttgart

Wilke, H.: *Naturteich anlegen und bepflanzen.* Gräfe und Unzer Verlag, München

Bezugsquellen

Pflanzen, Gefäße und technisches Zubehöhr für Ihren Mini-Teich können Sie über Spezialgärtnereien für Wasserpflanzen und Stauden, große Gartencenter sowie Firmen für Teichbau beziehen. Adressen finden Sie im örtlichen Branchenverzeichnis und in Fachzeitschriften oder können sie bei der »Gesellschaft der Wassergartenfreunde«, Wendhofsiedlung 8, 93194 Walderbach erfragen.

Die Fotografen

Die Fotos in diesem Buch stammen von Friedrich Strauß, mit Ausnahme von:
Flora/Caspersen Seite 28;
IPO/Polaschek: U1 (kleines Foto);
mein schöner Garten/ Fischer: Seite 2, 17 o., U4 u.;
Reinhard: Seite 13 Mi.li., 16 u.li., u.re.;
Sammer: Seite 33;
Schimana: Seite 3 li., 55, U4 o.re.;
Stehling; Seite 21, 31, 52;
Stork: Seite 39;
Tschakert: Seite 8.

Dank

Verlag und Autor danken Herrn Hans-Jürgen Goetzke vom Botanischen Garten München für die fachliche Beratung und Durchsicht des Manuskripts. Weiterer Dank gilt den Mitarbeitern des Gartencenters Pflanzen Kölle, München, und Frau Christiane Widmayr-Falconi von der Gartengalerie, Murnau/ Staffelsee, für ihre Unterstützung.

Impressum

Warnung und Hinweis

In diesem Buch geht es um das Pflanzen und Pflegen von Teichpflanzen. Einige der beschriebenen Pflanzen sind giftig. Sie sind in den Tabellen auf den Seiten 18/19 mit einem Totenkopf gekennzeichnet. Achten Sie unbedingt darauf, daß Kinder und Haustiere die als gefährlich ausgewiesenen Pflanzen nicht essen. Insbesondere ist darauf zu achten, daß der in den *Euphorbia*-Arten enthaltene, hautreizende Milchsaft nicht in die Augen gelangt.
In einigen Kapiteln (Seiten 42/43 und 44/45) geht es um die Beleuchtung des Mini-Teichs sowie das Betreiben eines Wasserspiels mittels einer elektrischen Pumpe. Denken Sie daran, daß elektrische Installationsarbeiten jeder Art am sichersten nur vom Fachmann ausgeführt werden. Zu diesen Arbeiten gehören sowohl das Anbringen von Stromanschlüssen sowie das Verlegen von Stromleitungen im Außenbereich. Wer einen oder mehrere Mini-Teiche auf dem Balkon oder der Terrasse einrichtet, muß die in seinem Haus geltende Miet- oder Eigentümer-Hausordnung beachten, vor allem aber die Tragfähigkeit des Untergrunds prüfen lassen. Jeder Mini-Teich-Besitzer muß dafür sorgen, daß kein Wasser auf den Balkon, die Terrasse oder in die Wohnung eines Nachbarn gelangen kann. Kontrollieren Sie deshalb regelmäßig Ihren Mini-Teich sowie Wasseranschlüsse im Außenbereich und führen Sie Wasserwechsel oder die Trogentleerung sachgemäß durch (Seiten 8/9).

Die Fotos auf den Umschlagseiten

Umschlagvorderseite, großes Foto: Pflanzenvielfalt auf der Terrasse: Terracottagefäße mit *Carex, Thalia dealbata* und *Houttuynia*; kleines Foto: Einsetzen einer Wurzel.
Umschlagseite 2: Verschiedene Holzfässer mit Froschlöffel (*Alisma*), Sumpf-Vergißmeinnicht (*Myosotis palustris*), Zungenhahnenfuß (*Ranunculus lingua*), Seerose (*Nymphaea* 'Alba'), Funkie (*Hosta*), Wassersalat (*Pistia stratiotes*), Wasserhyazinthe (*Eichhornia*), und Tausendblatt (*Myriophyllum*).
Umschlagseite 3: Wassergarten auf der Terrasse mit in Heringsfässern gepflanzten Seerosen-Hybriden, Wasserhyazinthe (*Eichhornia*), Seekanne (*Nymphoides peltata*), Tannenwedel (*Hippuris vulgaris*), Sumpfschwertlilie (*Iris pseudacorus*).
Umschlagrückseite, Foto oben links: Terracottaschalen mit Seerosen-Hybriden, *Houttuynia*, Blumenrohr (*Canna*), *Sinarundinaria*.
Foto oben rechts: Seerose (*Nymphaea* 'Chrysantha').
Foto unten: Holzfaß mit Rohrkolben (*Typha*) und Hechtkraut (*Pontederia*).

Redaktion: Peter Völk
Lektorat: Ursula Kopp
Layout und Umschlaggestaltung: Heinz Kraxenberger
Herstellung und Satz: Michael Bauer, Weißenfeld
Repro: Penta, München
Druck und Bindung: Stürtz, Würzburg

ISBN 3-7742-2643-1

Auflage 4 3 2
Jahr 99 98 97

Wasser verzaubert die Terrasse

Wer fühlt sich nicht zum Wasser hingezogen, denn dieses Lebenselement wirkt stark auf unsere Sinne. Am Wasser stellen sich Gelassenheit und Freude ein, die Alltagssorgen werden unwichtig. Die Erlebniswelt Wasser läßt sich auch auf kleinstem Raum genießen – wie hier mit dieser hübsch kombinierten Mini-Teich-Anlage auf der Terrasse. In rustikalen Holzfässern grünt und blüht es, eine kleine Wasserfontäne im Hintergrund bringt Bewegung in das beschauliche Bild.

Der kleine Seerosenteich im Faß wird von abwechslungsreich und attraktiv bepflanzten, verschieden hohen Holzfässern eingerahmt.